Hans-Günther Dönnecke · Ein Seemann erinnert sich

Hans-Günther Dönnecke

Ein Seemann erinnert sich

Erzählungen und Anekdoten

AUGUST VON GOETHE LITERATURVERLAG

FRANKFURT A.M. • WEIMAR • LONDON • NEW YORK

Die neue Literatur, die – in Erinnerung an die Zusammenarbeit Heinrich Heines und Annette von Droste-Hülshoffs mit der Herausgeberin Elise von Hohenhausen – ein Wagnis ist, steht im Mittelpunkt der Verlagsarbeit. Das Lektorat nimmt daher Manuskripte an, um deren Einsendung das gebildete Publikum gebeten wird.

Bibliografische Information der Deutschen Nationalbibliothek
Die Deutsche Nationalbibliothek verzeichnet diese Publikation in der Deutschen Nationalbibliografie; detaillierte bibliografische Daten sind im Internet abrufbar über http://dnb.d-nb.de.

Die Autoren des Verlags unterstützen den Bund Deutscher Schriftsteller e.V., der gemeinnützig neue Autoren bei der Verlagssuche berät. Wenn Sie sich als Leser an dieser Förderung beteiligen möchten, überweisen Sie bitte einen – auch gern geringen – Beitrag an die Volksbank Dreieich, Kto. 7305192, BLZ 505 922 00, mit dem Stichwort „Literatur fördern". Die Autoren und der Verlag danken Ihnen dafür!

Dieses Werk und alle seine Teile sind urheberrechtlich geschützt.

Lektorat: Manfred Enderle

Websites der Verlagshäuser der Frankfurter Verlagsgruppe:

www.frankfurter-verlagsgruppe.de
www.frankfurter-literaturverlag.de
www.frankfurter-taschenbuchverlag.de
www.publicbookmedia.de
www.august-goethe-literaturverlag.de
www.fouque-literaturverlag.de
www.weimarer-schiller-presse.de
www.deutsche-hochschulschriften.de
www.deutsche-bibliothek-der-wissenschaften.de
www.haensel-hohenhausen.de
www.prinz-von-hohenzollern-emden.de

Nachdruck, Speicherung, Sendung und Vervielfältigung in jeder Form, insbesondere Kopieren, Digitalisieren, Smoothing, Komprimierung, Konvertierung in andere Formate, Farbverfremdung sowie Bearbeitung und Übertragung des Werkes oder von Teilen desselben in andere Medien und Speicher sind ohne vorgehende schriftliche Zustimmung des Verlags unzulässig und werden auch strafrechtlich verfolgt.

Gedruckt auf säurefreiem, alterungsbeständigem Papier, hergestellt aus chlorfrei gebleichtem Zellstoff (TcF-Norm).

Printed in Germany

ISBN 978-3-8372-1468-0
ISBN 978-0-85727-230-0

©2014 FRANKFURTER LITERATURVERLAG FRANKFURT AM MAIN

Ein Unternehmen der Holding
FRANKFURTER VERLAGSGRUPPE AKTIENGESELLSCHAFT
In der Straße des Goethehauses/Großer Hirschgraben 15
D-60311 Frankfurt a/M
Tel. 069-40-894-0 • Fax 069-40-894-194
E-Mail lektorat@frankfurter-literaturverlag.de

An meine Frau Elvira Volk

Das Gastgeschenk

Meine aktive Seemannszeit bei der deutschen Handelsmarine begann am 3. März 1960, ich war 19 Jahre alt und hatte eine abgeschlossene Ausbildung als Maschinenbauer. Eine 6-monatige Werftzeit bei Blom & Voss in Hamburg, die Pflicht war, ist von mir erfolgreich beendet worden. Da bekam ich den ersten Heuervertrag für ein Handelsschiff. Das Schiff lag noch im Nordostseekanal in der Nobi-Krug-Werft. Es war das Motorschiff MS „Geheimrat Satori" von der Reederei Satori & Berger aus Hamburg. Das Fahrtgebiet war das Mittelmeer der deutschen Levante! Ich sollte laut Heuerschein als Ingenieur-Assistent dort anmustern, aber sie hatten dort auf dem Frachter gar keine dieser Planstellen frei!

Ich fuhr trotzdem auf diesem Schiff als Reiniger im Maschinenraum mit. Ich habe diese Entscheidung nie bereut, es war für mich ausbildungsmäßig sogar ein Glücksfall! Ein alter, grimmiger 2. Ingenieur, der schon den Krieg als U-Boot-Fahrer überlebt hatte, sagte zu mir: „Alles, was man dir beruflich beigebracht hat, kannst du hier auf diesem Frachtschiff vergessen! Solltest du bleiben, wirst du alles neu lernen, aber auch alles, das verspreche ich dir!" Er sollte recht behalten, ich bin bei der Handelsmarine geblieben und habe alles neu gelernt, genau, wie er es vorausgesagt hatte. Ein Leben lang war ich dankbar für diese harte Lektion, nur mit Willen und Härte zu mir und zu anderen habe ich alles gut überstanden.

Eine lustige Geschichte fällt mir spontan ein, wenn ich an meine erste Reise denke. Einer unserer Häfen im Mittelmeer war Tunis. Wir bekamen einen Passagier, der nach Alexandria musste. Er wollte dort heiraten. Als Gastgeschenk für seine zukünftigen Schwiegereltern brachte der Araber eine Ziegenherde mit an Bord. Es waren zwanzig Ziegen, er war ein frommer Moslem und betete morgens, mittags und am Abend auf seinem Gebetsteppich gen Mekka. Die Ziegen waren in einem selbstgebauten, provisorischen Gatter aus

Holzlatten eingesperrt, es waren sehr friedliche Tiere. Man konnte die Ziegen ja nicht frei auf dem Schiffsdeck herumlaufen lassen. Eines Morgens, wir hatten noch eine Tagesreise bis Ägypten und den Hafen Alexandria, da hatten alle Ziegenböcke knallrote Hörner. Die Sonne ging auf und der Tunesier schlief noch bei seiner Ziegenherde, ein unglaublicher Anblick. Die Sonnenstrahlen brachen sich auf der roten Signalfarbe. Die Böcke wurden unruhig; je höher die Sonne kam, umso mehr glänzten die Hörner. Ein wunderbares Farbspektakel, die Signalfarbe war teuer und etwas ganz Besonderes, bei Lichteinfall reflektierte diese Farbe. Einige Matrosen hatten in der Nacht die Hörner der Tiere angemalt, um den Araber zu ärgern. Aber genau das Gegenteil war eingetreten. Als er wach wurde, machte er Freudensprünge und tanzte, Allah, oh Allah, du hast mein Gastgeschenk so wertvoll gemacht, in ganz Afrika gibt es keine solchen Ziegenböcke. Der Schuss ging für die Matrosen nach hinten los, sie ärgerten sich jetzt selber. Als die Tiere in Alexandria von Bord geholt wurden, gab es laute Bewunderung, alle klatschten laut. Der Araber hatte recht, die Ziegen waren für ihn im Wert gestiegen!

Der Bazi

Eine Rundreise im Mittelmeer, dauerte mit Liegezeiten in den Häfen für die Ms „Geheimrat Satori" 5 Monate. Es wurden alle Anrainerstaaten außer Israel angelaufen. Ich bekam sehr viel Neues zu sehen. In Ägypten hatte der Kapitän eine Busfahrt nach Kairo zu den Pyramiden organisiert. Im Jahr 1960 gab es dort noch keinen Massentourismus, aber ein Sprichwort lernte ich sofort: „Hüte dich vor Sturm und Wind und den Deutschen, die im Ausland sind!"

Ich persönlich glaube, das Sprichwort kann nur ein Brite erfunden haben, leider stimmt es hin und wieder sogar. Wir waren auf der Heimreise noch einen halben Tag von Gibraltar entfernt. Meine Wache im Maschinenraum begann um 12.00 Uhr, wenn es keine größeren Störungen oder Reparaturen gab. Gab es diese, dann arbeiteten die Wachgänger auch länger, es wurde „zugetörnt", so die Seemannssprache! Die Maschinenanlage musste immer einsatzfähig bleiben, egal wie lange die Arbeitszeit eines Seemanns dauerte. Das Wetter war an diesem Tag traumhaft schön, ganz ruhige See und keine Bewegung auf dem Wasser, wie eine feste Masse sah alles aus, man konnte kaum wegen der Sonne auf das Meer schauen, es glitzerte und blendete einen. Tümmler waren unsere Begleiter. Wie schwerelos und träge sie neben uns daher schwammen, man konnte fast sagen: Sie wälzten sich durch das Meer, das Wasser kräuselte sich noch nicht einmal.

Das Seewasser hatte eine Farbe wie Jade, ein friedlicher und wunderbarer Anblick. Ich hatte schon um 11.30 Uhr Mittag gegessen, wie alle Wachgänger der 12-16 Uhr-Seewache. Etwas Zeit hatte ich noch und ich legte mich mit einer Bastmatte oben auf dem Bootsdeck in das Backbord-Rettungsboot.

Die Sitzplätze vom Rettungsboot waren mit genau angepassten Teakholzbrettern abgedeckt und zusätzlich mit einer Segeltuchplane verschnürt worden. Man konnte da wunderbar in der Sonne liegen.

Eine dünne Zierkette bildete einen optischen Abschluss; zwischen dem Rettungsboot und dem Nichts nur noch die Wasserwelt!

Diese dünne Kette hatte absolut keine andere Funktion. Sie war schon halb vom Seewasser durchgerostet und mehrfach mit weißer Farbe gestrichen worden, von der sie auch bestimmt noch zusammengehalten wurde. Alles musste an Bord sauber und ordentlich gestrichen sein, auch so eine dünne Zierkette! Ich döste in der Sonne, da wurde ich zur Ablösung geweckt. Es ist bei der Handelsmarine üblich, dass jeder Wachgänger persönlich von jemandem geweckt wird oder Bescheid bekommt. Somit wird ausgeschlossen, dass einer sagen kann: „Entschuldigt, ich habe verschlafen!" Es wurde schon immer so gemacht, dies hat sich auch bewährt und ist Tradition. Der Wachgänger aus dem Maschinenraum, der mich weckte, war ein 18-jähriger Bayer, er machte, so wie ich, seine erste Reise auf einem Frachter. Er steckte in einem blauen Kombianzug, der ihm zwei Nummern zu groß war. Schwere Sicherheitsschuhe hatte er an und in der Hand einen 36 mm gekröpften Ringschlüssel aus Chrom-Vanadium. Dieser Bazi setzte sich auf die dünne Zierkette und wollte schaukeln, noch ehe ich sagen konnte, was gleich passiert, riss die Kette und er ist rücklings über Bord gefallen, einen Meter neben der Bordwand ist der Bazi im Wasser aufgeschlagen! In so einem Fall, der auch an Bord bei einem Bootsmanöver simuliert wird, muss laut geschrien werden: „Mann über Bord!" Ich tat es sofort und noch etwas sollte unbedingt gemacht werden. Zusätzlich zu dem Rettungsring mit der Rauchboje alles Schwimmbare, das erreichbar war, hinterher werfen. Es dient der Markierung und erleichtert die Suchrichtung. Die auf der Brücke reagierten sofort, sie nahmen Fahrt raus und wendeten das Schiff in einem großen Kreis. Es lief nicht schneller als 12 Seemeilen in der Stunde, aber so ein Schiff, es war 1900 BR-Tonnen groß, kann man nicht anhalten wie ein Auto, es hat einen langen Anhalteweg! Ich schmiss einige Holzkisten noch ins Meer, dann sah ich die Korbmöbelgarnitur mit vier Korbsesseln und den Tisch. Sie waren aus Bambusfasern geflochten und gehörten dem Chief-Ingenieur. Ich musste diese Garnitur am Vortag mit farblosem Bootslack unter seiner Aufsicht streichen. Nur rumgemeckert hatte er mit mir: Mache keine Nasen, ziehe den Pinsel mehr durch, hier ist noch ein „Feierabend", nicht so dick den Lack auftragen, pass doch auf, hier hängen Pinselhaare. Ich war richtig wütend auf ihn!

Es waren Privatsachen, er hätte es selber machen können. Meine Freizeit, die recht knapp war, wurde einfach eingeschränkt. Diese Korbmöbel hatte er in Piräus gekauft, schade, dass keine Bank mit dabei war. Jetzt habe ich die komplette Garnitur blitzschnell mit ins Meer geschmissen, das Schöne daran war, es war alles nach Vorschrift. (Ja, ich habe schnell gelernt!)

Das Rettungsboot wurde klar zum Wegfieren gemacht, aber zu dem Bazi aus Bayern gab es keinen Sichtkontakt. Die schwimmbaren Gegenstände stattdessen waren alle gut sichtbar. Die zwei Rettungsringe mit den Rauchbojen natürlich besonders gut. Der Bazi dagegen blieb einfach unsichtbar. Plötzlich sagte der Kapitän, der oben auf der Kommandobrücke stand: „Dort wo die Möwen kreisen muss er sein!" Er war ein alter erfahrener Seemann und hatte recht mit seiner Vermutung. Das Rettungsboot holte den Bayer aus dem Wasser. Alle staunten, er hatte doch tatsächlich noch den dicken 36 mm Ringschlüssel in der Hand. Nach der unweigerlichen Frage: „Warum hast du das Ding nicht fallen gelassen?", kam die unglaubliche Antwort: „So ein Werkzeug ist sehr teuer, das wirft man nicht weg!" Die ganze Rettungsaktion hatte 47 Minuten gedauert. Der Chief-Ingenieur fragte mich vorwurfsvoll, ob das sein musste, dass ich die Korbmöbel über Bord warf. Ich gab mich zerknirscht und sagte: „Die ganze Arbeit mit dem Lackieren!" Er bemerkte meinen Zynismus gar nicht. Auf der MS Geheimrat-Satori habe ich noch eine zweite Reise gemacht, dasselbe Fahrtgebiet. Nach 10 Monaten und 24 Tagen habe ich in Hamburg abgemustert und vier Wochen in Wusterheide Urlaub gemacht.

Der Irre von Hamburg-Ochsenzoll

An eine Geschichte werde ich mich immer erinnern. Es ist richtiger gesagt ein Erlebnis und zwar eines der übelsten Sorte! Es musste auch hier in meinen Erinnerungen seinen Platz bekommen. Vom 25.5.1961 bis 11.9.1961, das sind 3 Monate und 17 Tage, war ich als Ingenieur-Assistent auf der MS Miranda, einem 10.000 t Frachter angemustert.

Ich hatte in meiner aktiven Seemannszeit immer ein besonderes Verhältnis zu den Schiffsköchen, entweder war ich mit ihnen befreundet oder verfeindet, es gab nie eine Zwischenlösung in den 12 Jahren meiner Fahrzeit. Mit einigen verband mich eine große Freundschaft! Der Heimathafen der MS Miranda war Hamburg und ist von der Reederei Sartori & Berger gechartert worden. Auf diesem Schiff waren in der Kombüse ein Koch und zwei Koch-Maate beschäftigt, die für das leibliche Wohl der Besatzung sorgen sollten. Der „Koch" war aus der Irrenanstalt in Hamburg Ochsenzoll entwichen, er war 25 Jahre alt, 1,95 Meter groß und wog 120 kg, ein Kraftpaket ohnegleichen, dabei absolut lebensgefährlich! Er war aus der streng geschlossenen Abteilung entkommen. Wie dieser Irre die Dokumente bekam, die man unbedingt braucht, um einen Heuerschein bei einer Reederei zu bekommen, konnte nicht geklärt werden. Ein polizeiliches Führungszeugnis und eine Gesundheitskarte vom Hafenarzt unterschrieben, waren nötig, um überhaupt ein Seefahrtbuch zu bekommen.

Es ist einfacher, mit falschen Papieren als Politiker im Bundestag dummes Zeug zu reden, als mit falschen Papieren auf einem deutschen Handelsschiff anzumustern! Möglich auch, dass irgendwann mal es ein Psychiater schafft, dieses Geheimnis zu lüften. Dieser „Koch" der keiner war, lief immer mit einem rasiermesserscharfen Kotelettbeil herum und bedrohte jeden, der in seine Nähe kam!

Keiner von der Besatzung an Bord bemerkte, dass der Geisteskranke nachts den Proviant für die dreimonatige Reise über die Kante warf. Es waren Rinder- und Schweinehälften aus dem Kühlraum und jede Menge Trockenproviant. Unser Reiseziel war Colombo, Calcutta, Chittagong und Rangoon. Die beiden Koch-Maate die allein die Besatzung verpflegt und auch allein gekocht hatten, sind in Port-Said geflüchtet. Das Schiff fuhr ohne sie durch den Suezkanal in das Rote Meer. Sie waren plötzlich nicht mehr da, es gab jetzt nur noch wenig zu essen! Der Rest an Konserven und Trockenproviant wurde unter der Mannschaft aufgeteilt. Jeder hatte noch ein paar Flaschen Ketchup und Zwieback auf seiner Kammer. Wenn man Glück hatte, wurde für ein paar Tage etwas Essen ergattert.

Die Schiffsführung mit ihrem alten und senilen Kapitän hatte die Lage völlig falsch eingeschätzt. In der Besatzung entstand eine gefährliche Spannung, keiner lachte mehr, alle hatten düstere Gesichter. Nur der Idiot mit seinem Beil lachte ständig ohne Motiv vor sich hin!

Wir waren noch zwei Tage von Colombo entfernt, da trafen sich unabgesprochen der 2. Ingenieur, der 3. Ingenieur und der 1. Elektriker abends in meiner Kammer. Ich wusste sofort, irgend etwas wird heute Nacht passieren mit dem sogenannten „Koch".

Der Irre von Hamburg Ochsenzoll

Es wurde einstimmig von uns Vieren beschlossen, der „Koch" bekommt so einen „heiligen Geist „ verpasst, dass er in Colombo von Bord muss; eine schreckliche Art abzumustern! Zu diesem Zeitpunkt wusste niemand an Bord, dass unser „Koch" ein echter, staatlich geprüfter Geisteskranker war. Es gab ja auch unter den Offizieren und Ingenieuren welche mit Dauerparanoia. Die liefen aber nicht mit einem scharfen Hackbeil rum!

Der Plan war klar und simpel. Alle wussten, der „Koch" schlief immer auf dem Bauch, mit dem Hackbeil in der Hand, wie ein kleiner Junge mit seinem Spielzeug. Oft genug hatte man ihn so gesehen, er schlief sehr viel und schwitzte abartig. Wir durften keinen Fehler machen. Sollte er vorzeitig wach werden und aufstehen, dann würde er mit seinem Kotelettbeil ein furchtbares Blutbad anrichten. Alles klappte wie geplant, der Elektriker drückte seinen Kopf runter, der 2. Ingenieur nahm sofort das Beil weg und hielt die Arme des aufgewachten „Kochs" im Judogriff auf dessen Rücken fest. Meine Aufgabe war es, die Beine runter zu drücken, damit er nicht strampeln und treten konnte. Der 3. Ingenieur ließ den mitgebrachten Bambusstock auf seinen dicken Arsch niedersausen. Meine Güte hat der Prügel bezogen. Die ersten zehn Hiebe hat er nur geschnauft und gedroht, aber die Schläge wurden immer stärker und zeigten Wirkung. Er schrie. Einen Bambusstock hatte der 3. Ingenieur schon an ihm zerschlagen und er wollte den zweiten Stock zum Einsatz bringen. Ich zerbrach den Stock und sagte laut: „Das reicht!"

Alle vier verließen wir seine Kammer. Er blieb liegen und war nur noch am Wimmern wie ein Tier. Wir schlossen ihn ein und informierten den 1. Offizier, in dessen Bereich ja auch das Küchenpersonal gehörte. Damals hatte ich mich gewundert, dass er nicht eine einzige Frage gestellt hatte!

Man goss dem „Koch" eine große Flasche reinen Alkohols über seinen zerschlagenen Hintern und schloss ihn wieder in seiner

Kammer ein. Das Beil legte ich dem Kapitän vor seine Kammertür. Der Bootsmann sagte zu mir (ich zitiere wörtlich): „Ihr seid uns zwei Stunden zuvorgekommen, der Hirni hatte Glück mit euch, meine Matrosen hätten ihn alle gemacht und über die Kante geworfen!" Wir haben ihm unbewusst das Leben gerettet, aber was für ein Leben ist das schon, vegetieren in einer Klappsmühle, ein Versuchskaninchen für Medikamente. In Colombo angekommen, wurde er sofort in ein Krankenhaus eingeliefert. Das war ein großer Fehler. Der Irre hat dort eine ganze Etage verwüstet und dabei den Stationsarzt aus dem Fenster geworfen. Der lag danach mit einem Beckenbruch auf seiner eigenen demolierten Station!

Polizeikräfte haben den „Koch" mit einem Narkosegewehr betäubt, er wurde danach in einem Tigerkäfig eingesperrt, so eine Angst hatten alle vor diesem Kraftpaket! Die deutsche Botschaft in Colombo hat sich nach dieser spektakulären Aktion der Polizei für den Bedauernswerten eingesetzt. Erst jetzt wurde festgestellt, wer er war und woher er kam. Pfleger und Wärter haben ihn dann mit Drogen und Medikamenten ruhig gestellt und nach Hamburg gebracht. Natürlich nicht in ein Heuerbüro, sondern in seine Zelle der Irrenanstalt Hamburg-Ochsenzoll!

Es wurde neuer Proviant eingekauft, ich habe mit einem Leichtmatrosen zusammen die Kombüse übernommen. Es hatte lange gedauert bis ich einwilligte. Nur für 14 Tage sollte es sein, fast acht Wochen sind daraus geworden, bis ein neuer und vor allem ein richtiger Koch mich ablöste.

In Rotterdam musterte ich ab und dachte, das ist jetzt alles zu Ende, ja das dachte ich wirklich. Ich bekam dort über die Reederei Post von der Krankenkasse des Irren, es war eine Rechnung von 32.000 DM, die vorläufigen Kosten der Behandlung und die Rückführung zu seiner alten Wirkungsstätte!

Ich war unglaublich wütend und sprach mit den beiden Schiffsingenieuren und dem Elektriker. Sie hatten keine Post von der

Krankenkasse bekommen. Ich fuhr mit dem Zug nach Hamburg und besuchte die Seekrankenkasse, aber vorher hob ich noch schnell meine Ersparnisse von der Bank ab, für den Fall, dass sie übers Gericht mein Konto sperren ließen. In der Krankenkasse gab man sich zugeknöpft. Sie hatten inzwischen erfahren, dass es hier um einen Geisteskranken ging. Die Akten sind schon beim Staatsanwalt, sagte man mir! Jetzt habe ich einen klaren Kopf behalten, bin gut essen gegangen und nach einem Cognac und einer sehr guten Zigarre habe ich nachgedacht. Ich hätte mich ja mit meinem internationalen Seefahrtsbuch verdrücken können und auf ausländischen Schiffen fahren können. Nein, sagte ich: „Vor einem Irren mit seiner Krankenkasse und deren Anwälten, haut ein Seemann nicht ab!" Die können dir gar nichts, ich klage dann selber, sollten sie es nur versuchen. Den Brief habe ich mir nochmal genau durchgelesen, den Knackpunkt hatte ich in Rotterdam übersehen, weil ich zu wütend war. Da stand, eine Knöchelverletzung, die operiert wurde, niemand hatte den Irren auf die Knöchel geschlagen, da habe ich ja mit meinem ganzen Körpergewicht draufgelegen. Mir ist jetzt wieder eingefallen, dass der Spinner eine Woche vor unserer „Behandlung" an Deck einen Unfall hatte. Im Dunklen ist er in Badelatschen und angetrunken über einen Scherstock gefallen, der an Deck lag. Das ist ein Eisenträger, der die Lukendeckel trägt. Dort hatte er sich eine Verletzung am rechten Knöchel zugezogen dieser Hirni, wie der Bootsmann ihn nur nannte. Die Verletzung war geschwollen und schmerzhaft, der 4. Offizier, unser Medizinmann an Bord, hatte die Schwellung mit essigsaurer Tonerde gekühlt. Es wurde auch im Logbuch und der Krankenkladde dokumentiert. Es ist aber auch durchaus möglich, dass bei seinem „Krafteinsatz" im Krankenhaus von Colombo sein lädierter Knöchel gebrochen ist!

Ich bin mit einem Taxi zur Hafenpolizei gefahren. Dort in der Kriminalabteilung habe ich den Vorgang auf See ohne Schnörkel und Emotionen geschildert, auch den Unfall vom Irren. Alle hörten gespannt zu. Ich glaube sie genossen diese nicht alltägliche Geschichte, besonders, dass ich meine Mitstreiter nicht nannte.

Ein Polizeibeamter fuhr mit mir auf die MS Miranda, das Schiff lag inzwischen in Hamburg. Tatsächlich war der Unfall vom Irren an Bord akribisch genau dokumentiert worden. Hätte der Idiot immer über Hüftschmerzen und Rückenschmerzen geklagt, bestimmt hätte es damals noch eine Menge Ärger gegeben!

Ich freute mich riesig, als ich meine Mittäter bei der Hafenpolizei antraf, sie wollten nicht, dass ich die „Suppe" allein auslöffeln musste. Es gab kein Verfahren oder eine Forderung der Seekasse. Sie erklärten das Schreiben als gegenstandslos, welches ich in Rotterdam von ihr bekommen hatte.

Es wurde ein Arbeitsunfall daraus gemacht, obwohl der Irre niemals auf dem Schiff gearbeitet, sondern nur Schaden angerichtet hatte! Die Beamten der geschlossenen Anstalt hatten, wie ich hörte, grob fahrlässig gehandelt. Man wollte diese peinliche Sache so schnell wie möglich vergessen.

Ich bekam noch von der Reederei eine Nachzahlung, weil ich den „Koch" vertreten hatte, nicht etwa verhauen, für mich eine wunderbare Formulierung!

Anton

Am 27. Juli 1962 musterte ich als Ingenieur-Assistent auf der MS Rodenbek von der Reederei Knöhr & Burchard aus Hamburg an. Das Schiff war eher ein kleines Schiff von 2335 BRT. Wir lagen in Hamburg, ich glaube, das Wetter war regnerisch an diesem Tag. Jedenfalls ich bekam vom 2. Ingenieur Order, nach den Reserve-Sauerstoffflaschen für das Schweißgerät zu sehen, die oben auf dem Bootsdeck in einem kleinen Eisenschapp dicht am Schornstein verstaut waren, ob sie auch fest in einer Halterung angeschraubt waren. Seefest gelascht, in der Seemannssprache. Die Matrosen hatten unter einer Presenning eine Jakobsleiter für Lotsen aufgerollt und seefest verstaut.

Ich sah dort dicht am warmen Schornstein einen dicken, schwarzen Kater sitzen. Er schaute mich ohne Angst an, unglaublich diese Augen. Von solchen Seemannskatzen hatte ich schon gehört. Sie suchte dort Wärme vor dem Hamburger Schmuddelwetter. Ich sprach mit ihm, wie mit einem Menschen, er verstand mich. Voller Narben war er, sie zeugten von vielen Kämpfen, die er alle gewonnen hatte, sonst säße er ja auch nicht hier! Er war also ein Kämpfertyp, wir mochten uns beide auf Anhieb. Ich kontrollierte alle Flaschenhalterungen, alles war korrekt und seefest gelascht. Der Kater sah meiner Arbeit gelassen zu, die ganze Zeit redete ich mit ihm. Als ich nach unten ging, sagte ich zu ihm: „Komm mit." Er rührte sich nicht, ich sprach jetzt englisch und sagte: „Come on!" Er kam sofort mit!

Ruhig lief er mit über das ganze Bootsdeck nach unten auf das Hauptdeck. Ich hatte meine Kammer auf der Backbordseite mittschiffs, wie ein Hund lief er mir hinterher. Als ich meine Kammertür öffnete, war der Kater sofort drin. Er schaute auf meine gepolsterte Bank, auf meine Koje und danach auf mich, genau in dieser Reihenfolge. Ich habe es sofort verstanden. Ich legte eine dicke Wolljacke auf meine Bank und sagte wieder auf Englisch: „Come and join me." Der Kater sprang sofort auf die weiche Strickjacke, putzte sich ausgiebig und rollte sich zu einem Schläfchen zusammen. Er hatte seine Bezugsperson auf diesem Schiff gefunden! Meine Kammertür hatte ich auf den Haken eingehängt und arretiert, danach abgeschlossen, so war sie einen Spaltbreit auf und der Kater konnte die Kammer verlassen. Gerade wollte ich ihm etwas zu fressen besorgen, es war inzwischen Abendbrotzeit geworden, aber der Kater saß schon artig vor der offenen Kombüse in Wartestellung. Er schaute dem Koch und den beiden Koch-Maaten bei ihrer Arbeit zu. Der dicke, schwarze Kerl machte keine Anstalten, die Kombüse zu betreten, er war sehr schlau und mit allen Wassern gewaschen. Eine alte, erfahrene Seemannskatze war er, wer weiß, wo und wie viele Schiffe er schon befahren hatte, wie oft er aus einer Kombüse schmerzhaft vertrieben wurde. Der Kater bekam, weil er so artig war, eine extra große Portion Fleisch und Milchbrei. Der wusste bestimmt, diese demütige Haltung ist absolut erfolgreich. Nach seinem üppigen Nachtmahl wollte er an Deck raus. Es wurde noch gearbeitet. Ich dachte, jetzt haut er über die Gangway ab.

Aber nichts dergleichen passierte, mit einer Abgeklärtheit ohnegleichen, lief er zwischen den Hafenarbeitern zu dem Achterdeck hin und machte sein „Geschäft" direkt vor einem Speigatt. Absolut genial diese Sauberkeit, hier wurde alles gründlich von Deck gespült!

Anton der Schiffskater mit seinem Namensfetter

Spätestens jetzt zweifelte niemand mehr vom Schiff, dieser Kater ist ein alter Fahrensmann und nirgendwo auf der Welt ist er zu Hause, nur auf einem Schiff, egal welches auch immer. Zur Zeit war der liebenswerte Bursche auf der Rodenbek zu Hause, bei mir in meiner Kammer!

Der erste Hafen unserer Reise sollte Piräus in Griechenland sein, danach noch einige Häfen im Roten Meer. Der Kater musste einen Namen haben, einstimmig wurde er Anton genannt; diese Einigkeit hatte einen Grund. Ein Matrose hatte mal einen Unfall gehabt, es war schon Jahre her, aber im Gesicht sind einige Narben geblieben. Der Matrose hielt nichts von einer kosmetischen Operation, Anton, so war sein Name, sah aus wie ein alter Pirat aus der Karibik, so um das Jahr 1760. Das rechte Ohr leicht gespalten, seine Sattelnase hatte deutliche Macken, eigentlich total identisch mit dem Kater. Da der Kater auch Narben auf seiner Nase hatte und ein Ohr gespalten war, hieß der Kater eben Anton, wie sein Namensvetter der Matrose. Nur ihre Narben sind unterschiedlich entstanden, schwarze Haare hatten aber auch beide. Eine Ähnlichkeit war schon vorhanden und bei einigen Bierchen, die man getrunken hatte, wurde eine große Übereinstimmung festgestellt. „Ei, Ei, eineiige Zwillinge", stotterte der eineiige Schiffskoch, alle brüllten vor Lachen!

Der dicke, schwarze Kater musste christlich getauft werden, man war sich absolut darüber einig. Schon hatte man einen Grund, eine lustige Feier zu machen. Für Späße hatten alle Zeit und Geld. Es wurde eine Taufe organisiert. Kater Anton, wie sie ihn jetzt alle nannten, sollte ein halbes Brathähnchen als Festessen bekommen. Der Bootsmann wollte unbedingt Taufpate des Katers werden, es wurde eine lustige Feier. Aus der Taufe wurde eine Doppeltaufe, irgendjemand zweifelte von Anton dem Matrosen, die Gültigkeit seiner christlichen Taufe, die im Krieg stattfand, an. In dieser Zeit waren die Pfaffen nicht bibelfest genug gewesen, so argumentierte man. Er musste eine Kiste Bier spenden, dadurch wurde alles wieder glaubhaft, jeder machte den liebenswerten Unsinn mit! Mit

Anton dem Schiffskater wurden eine Menge Bilder für das Album gemacht. Der Bootsmann hatte zu viel getrunken. Aus einem Taufpaten wurde ein Saufpate. Er legte sich als Erster in seine Koje. In der Biskaya gab es richtiges schlechtes Wetter, die See kam von achtern. Da das Schiff auch noch tief im Wasser lag und nicht sehr groß war, kam öfters die See an Deck. Einmalig das Verhalten von Anton, dem Schiffskater, ein absoluter Profi war er. Um sein „Geschäft" zu machen, lief er immer von mittschiffs nach achtern, die Rodenbek schaukelte und stampfte, keine Angst zeigte er. Anton stand manchmal richtig schräg an Deck, ein wunderbarer Anblick war das. Er pendelte wie ein alter Seemann die Schiffsbewegung richtig aus. Keine Scheu hatte er vor dem Spritzwasser, immer wieder schaffte er es hin und her zu laufen, er wurde kaum nass von den Wellen, die öfters über die Verschanzung schlugen. Alle hatten jetzt großen Respekt vor Anton und seinem gekonnten Verhalten auf einem Handelsschiff. Aber leider ging er in Piräus von Bord, die Gangway war gerade festgemacht, würdevoll mit erhobenem Schwanz ging Anton als Erster an Land, direkt in die Hafenschuppen. Dort fand er Katzen, er brauchte wohl öfters deren Gesellschaft und wahrscheinlich auch eine Freundin. Anton, der Kater, war ein echter Kosmopolit, er hat bestimmt mehr Handelsschiffe befahren, als irgendein Seemann auf dieser Welt. Alle beneideten seine Freiheit und vor allem, wie er damit umging!

Der alte Ketenburg

Ich musterte am 31. Januar in Hamburg von der MS Rodenbek ab. Einige Urlaubsvertretungen auf kleineren Schiffen machte ich noch. Am 16. Juli 1963 trat ich in den Dienst der größten Schwergut-Reederei der Welt ein, der DDGS-Hansa in Bremen! Das damalige Stülcken-Schwergutgeschirr mit seinen gewaltigen Schwergutbäumen und den Kontertraversen war eine Weltsensation des Hamburger Schiffbaus, dadurch natürlich auf Jahre konkurrenzlos. Aber die Hansa-Reederei besaß auch noch alte Frachter vom soliden Vorkriegsbau und auf so einem Schiff musterte ich an, es war die MS Freienfels, sie lag abfahrbereit im Überseehafen von Bremen. Ich kam morgens um 08.00 Uhr mit einem Heuerschein als Ingenieur-Assistent an Bord. Wie üblich wollte ich mich beim 2. Ingenieur anmelden, ja, das dachte ich wirklich! In seiner Kammer aber saß, über eine Ölabrechnung gebeugt, eine hart gesottene, ungefähr 50 Jahre alte Frau. Sie war im „3. Reich", wie ich später hörte, BDM-Führerin gewesen. Sie sah auch so aus und führte sich so auf! Ihr streng gescheiteltes Haar wurde von einem Haarknoten an ihrem Hinterkopf zusammengehalten. Ich hatte außer guten Morgen noch nichts gesagt. In Ihren harten Gesichtszügen war keinerlei Regung zu bemerken, als sie mich streng anschaute. Mein Seefahrtsbuch, das ich in der Hand hielt, wurde mir mit einem aggressiven Ruck aus der Hand gezogen. Ich dachte, es wäre in eine Geldschein-Zählmaschine in einer Bank gefallen, so schnell blätterte sie mit ihren langen, dünnen Fingern die Seiten um. Sie sagte zu mir: „Sie sind befahren und gehen heute im Maschinenraum die Nachtwache!"

Diese Frau merkte plötzlich, dass ich auf diesem Schiff nicht mitfahren würde. Eifrig stellte sie sofort klar, dass sie nur ihren Mann in der Hafenliegezeit unterstützen würde. Ich hatte den 2. Ingenieur noch nicht zu Gesicht bekommen. Sofort dachte ich an einen „einbeinigen Kuckuck", aber meine Befürchtungen wurden noch bei Weitem übertroffen! Wortlos verließ ich diese Kammer, ich blieb an Bord und ging auch die Nachtwache. Zum ersten Mal im Leben habe ich ein Frühstück ausfallen lassen. Am nächsten Morgen auf der Freienfels, den 2. Ingenieur meinen Vorgesetzten, hatte ich immer noch nicht gefunden. Ich musste mich ja bei ihm anmelden und nicht bei seiner abstrakten Frau. Im Umkleideraum des Maschinenpersonals wurden die Metallspinte von einem zerstreuten Zigarrenraucher mit lindgrüner Farbe angestrichen. In einer Schranktür eingeklemmt, schaute ein Stück einer Freizeithose raus, der Trottel malte komplett darüber! Es war kein kleines Stück und hatte fast die Größe eines Taschentuchs. Die Hose gehörte, wie ich später mit Geschrei hörte, einem Motorenwärter. Ich stellte den zigarrenrauchenden „Flachkopf" zur Rede und er sich vor: zweiter Ingenieur Theo Ullrich!

Wir holten noch Decksladung in London ab, es waren rote Doppeldeckerbusse für Bombay. Endlich am 22. Juli war alle Ladung an Bord, die meiste Fracht war für den Persischen Golf bestimmt, das heißeste Fahrtgebiet der Welt! Die Seewassertemperaturen von 33° C sind absolutes Gift für die Kühlung der Schiffsmotoren. Der Seewasser-Rückkühler schaffte es kaum, die Kühlwassertemperatur zu senken, die Motoren wurden ja primär mit Frischwasser gekühlt! Bis Kapstadt waren 25 Seetage angesetzt worden, die bisherige Zeit über hatten wir ständig schlechtes Wetter, auf der Höhe der Azoren wurde das Wetter täglich besser. Vor dem Äquator
endlich das erhoffte Traumwetter.

Ich lag oft auf dem Bootsdeck, oben in einer Hängematte, und genoss den Ausblick, er schien unendlich zu sein, aber auf unseren Planeten gibt es keine Unendlichkeit. Delfine begleiteten uns, sie spielten richtig vor unserem Steven und ließen sich mit der Bugwelle schieben. Dabei sprangen sie übermütig aus ihrem Element, manche klatschten mit dem Rücken auf das Wasser. Laufend schien der Ozean seine Farbe zu ändern, von türkisblau bis jadegrün, aber das kam immer auf den Winkel der Sonne an, wie sie gerade stand, auch winzige Meeresalgen nahmen zeitweise Einfluss auf die Farbe der Wasseroberfläche. Die Seewache an Bord betrug vier Stunden Dienst, danach wenn alles o. k. war, gab es acht Stunden Freizeit. Das Deck und das Maschinenpersonal hatten den gleichen Arbeitsrhythmus!

Oft wollte ich in meiner Hängematte lesen, aber die Faszination der Weite des Ozeans ließ mich nicht in Ruhe. Dieses Verschmelzen von der Sehkraft der Augen mit der Wasserfläche am Horizont, dieses Ritual habe ich in meiner 12-jährigen Fahrzeit auf See nie aufgegeben. Ich kann sagen, es hat mein Verständnis für den globalen Zusammenhang der grandiosen Natur noch gefestigt! Für mich war es auch eine Kombination aus harter Arbeit und totaler Entspannung

Genau auf dem Breitengrad des Äquators lief das Schiff keine 13,5 Seemeilen mehr und das bei ganz ruhigem Wetter. Die Logge zeigte 9,0 Seemeilen an, nicht mehr! Es wurden an der Hauptmaschine die Zünddrücke gemessen (Diagramme gezogen), alles war in Ordnung, zusätzlich mit einem Pi-Meter der mittlere Kolbendruck ermittelt. Dieser Apparat wurde auch auf einem Indikatorhahn am Zylinderdeckel aufgeschraubt. Es gab keinen Leistungsabfall der Hauptmaschine!

Ich war genau zu dieser Zeit, mit einem Motorenwärter und einem Reiniger oben auf dem Bootsdeck beschäftigt. Wir überprüften den Motor vom Steuerbord-Rettungsboot. Zwei Ingenieure der Freiwache standen auch oben und schauten uns auf die Finger. An so einem Rettungsboot könnte ja mal das eigene Leben hängen. Der Chief-Ingenieur betrat das Bootsdeck, es war der alte Ketenburg, eine lebende Legende dieser Chief!

Der alte Ketenburg

Der Chief-Ingenieur Ketenburg, er war schon einige Jahre in Pension und machte mit seinen 73 Jahren eine Urlaubsvertretung. Er sagte: „Das Schiff macht keine volle Fahrt mehr, einen Grund muss es ja dafür geben. Seht mal vorne nach, ob etwas vor dem Bug liegt." Alle schauten sich entsetzt an, hinter seinen Rücken zeigten sich die Schiffsingenieure der Freiwache an den Kopf! Sie glaubten, der alte Ketenburg hätte den berüchtigten „Hansa-Koller" bekommen. Keiner der Ingenieure, sie waren ja angesprochen worden, reagierte auf seine Worte, er ging selber nach vorn auf die Back und schaute über die Verschanzung am Steven runter und kam zurück. Der alte Ketenburg sagte: „Gut, dass wir jetzt im Frieden leben, ich habe im Krieg auch mal zwei solche Statisten, wie Ihr beide seid, so hämisch lachen gehört, zehn Minuten später waren beide tot!"

Die „Statisten" Wach-Ingenieure der MS „Freienfels"

Er drehte den beiden Schiffsingenieuren den Rücken zu und sagte zu mir: „Gehe in den Maschinenraum runter, der Wachingenieur soll die Hauptmaschine stoppen, vor unserem Steven hängt ein toter Blauwal, er ist von uns scheinbar gerammt worden, weitere Order wird vom Kapitän kommen!"

Alle waren beschämt darüber, dass sie die Worte des alten Seebären angezweifelt hatten. Es wurde so gemacht, die Maschine gestoppt und auf volle Drehzahl die Schraube rückwärts gedreht. Der tote Blauwal löste sich vom Steven der Freienfels. Kein Wunder, dass die vollen 13.5 Seemeilen nicht mehr erreicht wurden. Das war ein Erlebnis, welches ich nie mehr vergessen habe, auch die Überheblichkeit der Ingenieure. Diese Leute werden nie das Wissen vom alten Ketenburg erreichen, noch nicht mal in seine Nähe werden sie kommen!

Wir hatten mit der Freienfels den heißen, persischen Golf gut überstanden, jetzt nur noch einige Häfen, die wir in Indien bedienen musten, es waren Bombay, Cochin, Madras und Calcutta. Danach liefen wir Colombo an, den letzten Hafen vor der Heimreise. Eine gute Nachricht hatten wir auch erhalten, der gesperrte Suezkanal war wieder für den Schiffsverkehr offen, der Weg um Afrika wurde uns erspart, eine unglaubliche Abkürzung. Von Colombo durch das Rote Meer nach Gibraltar sind es ungefähr 6.700 Seemeilen, aber um Afrika rum ca. 11850!

In Colombo auf Ceylon gab es eine besondere Deckladung, einen lebenden Esel, der sollte nach Port-Said in Ägypten gebracht werden. Er war in einem soliden Holzverschlag untergebracht, Bewegung und Heu hatte er auch genug. Die ganze verkürzte Reise bis Bremen dauerte jetzt nur noch 7 Monate und 10 Tage. Diese Geschichte, die ich jetzt erzähle, ist ein rauer Seemannsspaß, an dem ich mit 50 % beteiligt war; sie passierte irgendwo im Roten Meer!

In der Kammer vom Steward wurde dieser Streich geboren. Er selber hatte am Vortag Geburtstag gehabt. Es gab bei ihm eine kleine Nachfeier, so etwas wie einen deftigen Klapperschluck. Von seinem Geburtstagsfest war er noch etwas geschwächt, er hatte also noch einigen Restalkohol in seinem System, viel gegessen hatte er auch nicht, sein Haferflockenkörper hatte den Stress noch nicht verkraftet. Ich hatte die 4-8-Wache gehabt und war nüchtern, der Funker und der Zimmermann ein dicker, trinkfester Brocken, saßen auch noch in der Kammer des Stewards, der sonst etwas geizig war. Diese kleine Nachfeier machte er sehr ungern, aber die ständigen Bemerkungen, er hätte schottische Vorfahren, nervten ihn sehr. Es war Mitternacht und der Steward stürzte ab, der Funker ging in seine Funkbude nach oben auf die Brücke. Ich saß also mit dem dicken Bär, der bei uns an Bord der Zimmermann war, allein beim Steward in der Kammer, der vollkommen k. o. war!

Es standen und lagen ein Haufen leerer Flaschen in seiner Kammer, uns war es zu mühselig, sie alle über Bord zu werfen. Darum haben wir seine Matratze mit dem Lattenrost aus seiner Koje entfernt und durch die leeren Flaschen ersetzt, immer eine links und eine rechts versetzt reingelegt, damit auch viele Flaschen im

Kojenkasten Platz hatten. Den Steward haben wir hochgehoben und vorsichtig auf die leeren Flaschen gelegt, danach haben wir ihn mit einer dünnen Zudecke ordentlich zugedeckt, damit er sich nicht erkältet. Bei unserer neuen Klimaanlage konnte das schnell passieren, dann tranken wir noch eine Weile weiter.

Jetzt kam die Idee mit dem Esel! Alle waren sich später darüber einig, dieser brillante und logistische Geniestreich gilt als einmalig in seiner Ausführung und vor allem in seiner Wirkung. Er ist in die Annalen der Hansa-Reederei eingegangen und niemals mehr wiederholbar!

Theo Ullrich, so hieß der 2. Ingenieur auf der Freienfels, war ein weißer „Spatz", wenn sie wissen was ich sagen will. Er konnte machen, was er wollte, es war immer falsch! Solche Leute sind sehr selten, aber es gibt sie wirklich. Kein Wunder, dass er immer Opfer irgendwelcher Streiche wurde, das nicht nur auf der Freienfels, sondern quer durch die ganze Flotte der Hansa. Theo Ullrich war ein Getränks Mann, die höfliche Umschreibung eines Alkoholikers. Er schimpfte immer auf alle Weltreligionen und klaute dem alten Ketenburg seinen Whisky und die Zigarren. Der Chief stellte öfters für Theo eine halbvolle Flasche in sein Bar Fach hin und markierte die Flasche bewusst auffällig, damit Theo es auch bemerken musste. Der nahm immer einen kräftigen Schluck daraus und füllte sie danach mit Wasser auf den markierten Level, damit der alte Ketenburg es nicht merken sollte.

Der Chief aber machte das Spielchen mit, er sammelte den gepanschten Whisky und der Steward verkaufte an Theo den „Dünnbrand" für einen überhöhten Preis!

Theo Ulrrich, 2. Ingenieur der Freienfels, ein weißer „Spatz"

Humor hatte der alte Ketenburg auf alle Fälle, jetzt muste er das Zigarrenproblem noch lösen; diese Zigarren waren sehr teuer und schwer zu bekommen. Er wollte sie nicht an einen Trinker wie Theo verschwenden und musste Theos Lust, diese zu stehlen, drastisch einschränken; auch dieses Problem löste der Chief meisterlich! Er besaß ein uraltes, echtes Rosshaarkissen, es stammte noch von seinem Vater und ging immer mit auf Reisen. Natürlich wurde das Kissen dadurch nicht besser, unzählige Furzer haben schon darauf gesessen!

Der alte Ketenburg entnahm dem Kissen, wenn es mal wieder Zeit wurde, Theos Drang zu bremsen, ein langes, echtes Rosshaar. Mit einer dünnen und sehr langen Spezialnadel zog er es in eine seiner teuren Zigarren rein. Es tat ihm jedes Mal sehr leid, nicht um Theo Ullrich diesen Dieb, sondern um seine gute Zigarre. Die Wirkung auf Theo war schrecklich, er hatte Magenverstimmung und klaute wochenlang keine Zigarren mehr, selbst der Whiskykonsum verringerte sich erheblich beim 2. Ingenieur auf der Freienfels!

Wie gesagt, der Zimmermann und ich, wir beschlossen in dieser sehr warmen Tropennacht, den Esel hoch in die Kammer von Theo Ullrich zu bringen, mit einem Ballen Heu, versteht sich von selbst. Der Esel war halb wild, dazu kam, dass einige Matrosen in öfters geneckt hatten. Er war auf Menschen nicht gut zu sprechen. Der 2. Ingenieur, Theo Ullrich, hatte seine Kammer auf der Backbordseite im zweiten Deck oben, es war die Ebene vom Bootsdeck. Wir haben den störrischen und bösartigen Esel, trotz heftigen Widerstands durch die inneren Treppenaufgänge nach oben geschoben und gezerrt, das ging nicht geräuschlos vor sich. Wie lange dieser Schwertransport für uns beide dauerte, da kann ich mich nicht mehr genau erinnern, kräftemäßig sind wir wohl fast am Rande unseres Limits gewesen. Bei dieser Aktion haben wir beträchtlich an Gewicht verloren. Der Esel hatte ausgekeilt und mit seinem beschlagenen Hufen nach uns getreten, auch gebissen hat er und fürchterlich geschrien.

Es hat ihm nicht gefallen, was wir machten, er wurde immer böser! Dass wir keine Verletzungen erlitten, grenzt an ein Wunder. Dagegen gab es an der Mahagonivertäfelung in den Treppenaufgängen erhebliche Schäden. Eine Spur bis zum zweiten Deck hoch, als hätten sich dort Piraten bis zum letzten Mann verteidigt! Wir haben gekichert und natürlich Witze gerissen, wie das Angetrunkene so albern machen und uns bestimmt nicht leise Kommandos zugerufen. Die Gefahr, dass der Esel uns ernsthaft verletzen könnte, nahmen wir einfach in Kauf. Der Zimmermann war bärenstark, sonst wäre diese Kraftanstrengung nicht möglich gewesen. Ich war auch kein Schwächling und daher haben wir es gepackt!

Irgendwann hatten wir den wehrhaften Esel oben bei Theo vor seiner Kammertür, das Heu auch. Seine Tür wurde von uns geöffnet, der Esel samt Heu sofort reingeschoben und die Tür wieder geschlossen. Das Inferno begann sogleich!!

Wir haben gehört, wie der Esel regelrecht explodiert ist, es waren unglaubliche Geräusche und Schreie vom Esel und von Theo! Der Esel fing an, die 12 Quadratmeter große Kammer von Theo zu zertrümmern. Die bösartige Wut des Esels war nicht mehr steigerungsfähig, das Stakkato seiner beschlagenen Hufe hörte sich an, wie ein Trommelwirbel vom Teufel selber! Theo der alte Trinker und Atheist, lernte das Beten wieder neu. Ich glaubte damals im Jahr 1963, Theo Ullrich der 2. Ingenieur auf der Freienfels hatte eine Apokalypse erwartet, in seiner dunklen Kammer und wie immer angetrunken, hatte er total die Orientierung verloren!

Er stand senkrecht in seiner Koje und schrie um sein versoffenes Leben. Die angstvollen Schreie von ihm und vom Esel waren eine Mischung, die kein Tonstudio der Welt jemals gehört hatte!

Wir haben uns nach dieser für uns erfolgreichen Nacht jeder in seine Koje gelegt. Meine Wache begann schon wieder um 04.00 Uhr im Maschinenraum mit dem 2. Ingenieur Theo Ullrich und einem Motorenwärter. Als Ingenieur-Assistent von Theo war ich mit wenigen Ausnahmen, immer allein gestellt. Er war meistens betrunken und verschlief die 4-8-Wache vor dem Dampfkessel, seinem Lieblingsplatz. Eigentlich war ich froh darüber, so konnte er im Suff keinen Schaden anrichten, der Motorenwärter war ein erfahrener und zuverlässiger Mann, der das Fehlen von Theo mehr als ausglich!

Oft kam in der Mitte der Wache der alte Chief Ketenburg in den Maschinenraum runter. Er machte wortlos seine Runde, selten übte er Kritik, aber der alte Fuchs übersah niemals etwas, natürlich auch nicht, dass sein 2. Ingenieur auf Wache schlief! Diesmal kam aber nicht Theo auf Wache, wie ich auch schon vermutet hatte, sondern der 4. Ingenieur übernahm diese Wache für den 2. Ingenieur. Er sagte nur die ganze Zeit: „Meine Güte, meine Güte!" So etwas habe ich in meiner 20-jährigen Dienstzeit noch nicht mal gesehen, ich gab mich unwissend und fragte scheinheilig: „Was ist passiert?" Er sagte: „Die Kammer von Theo! Ich habe den Rest gesehen, unglaublich dieser Schaden. Der 1. Offizier hat mich weggejagt, als hätte ich das alles angerichtet, er war stinksauer, alles hat er fotografiert und keine Fragen beantwortet. Der Esel lief auf dem Bootsdeck rum und ließ sich nicht einfangen, zwei Matrosen und einen Jungmann hat er verletzt, meine Güte war das Tier aggressiv! Ich habe den 1. Offizier noch nie so rumbrüllen gehört. Theos Kammer sieht aus, als hätte ein Exorzist vom Vatikan mit einer großen Feueraxt Überstunden gemacht!" Ich fragte: „Was ist mit Theo? Ist er verletzt?" Ich hatte plötzlich ein bisschen Sorge um ihn. Der 4. Ingenieur sagte nur: „Er liegt in der Lotsenkammer, mit gefalteten Händen, wie ein Hindu-Prister, der ein Gelübde gebrochen hat."

Theo steht noch unter Schock und kann nicht sprechen, er rührt noch nicht mal einen Whisky an, den der alte Ketenburg für ihn mitgebracht hatte, das glaubt kein Mensch, ich kenne unseren 2. Ingenieur nicht wieder. Theo muss auch etwas abbekommen haben, seine Augen sind fast dicht, die Klüsen sind richtig geschwollen und blutunterlaufen, er sieht aus wie ein kleiner Mongole bei einer Frühgeburt! Ich fragte noch besorgt und gab mit meinen Worten verwundertes Staunen zum Ausdruck: „Wer macht so etwas bloß? Ist schon bekannt, wer das war?" Er schaute mich lange an, dann sprach er: „Wir haben sofort an dich gedacht, nur du hast so einen abartigen, schwarzen Humor! Aber du scheidest ja diesmal wie ein Wunder aus, obwohl das deine Handschrift ist. Der Ingenieur-Assistent, der dich zur Wachablösung weckte, er bestätigte, du hast sehr fest geschlafen, als er dich 03.45 Uhr zum Wachantritt munter machte. Das mit dem Esel war bestimmt Schwerstarbeit gewesen, das haben eine Menge Leute gemacht, der Steward muss dabei gewesen sein, der konnte heute früh kaum laufen, richtig krumm war er und Schmerzen im Rücken, als wäre der Steward vom Esel getreten worden. Der 1. Offizier will ihn nochmal in die Mangel nehmen!"

Ab 08.00 Uhr hatte ich Freiwache, nach dem Frühstück klingelte das Telefon, ich wurde zum Kapitän auf die Brücke zitiert.

Kapitän Vogelei von der MS Freienfels im Jahr 1963

Jetzt noch einige Worte zu unserem Kapitän, er hieß Vogelei und hatte einen ganz leichten Silberblick. Am rechten Auge hatte er einmal etwas gehabt. Aber er war noch kräftiger als der Zimmermann, sehr viel kräftiger sogar! Der Kapitän war etwas über zwei Meter groß, seine Koje war eine Sonderkonstruktion der Bremer Werfttischler gewesen. Diesem Kapitän ging ein Ruf voraus, er könne mit seiner riesigen Faust einen Eichentisch zerschlagen!

Was mir persönlich über ihn bekannt war, ist Folgendes: Ein Lotse hatte wegen einer Unachtsamkeit beinahe einen Unfall verursacht, Kapitän Vogelei gab dem Lotsen eine Ohrfeige, dabei ist dem Geschlagenen das Trommelfell geplatzt!

Zu diesem Kapitän war ich jetzt unterwegs, ich schaute auf meine Uhr, 08.31 war es, naja dachte ich noch, wenigstens hat er mich noch frühstücken lassen! Ich betrat die Brücke und grüßte. Der „Berg" stand vor mir, er hatte eine Khakihose und ein Khakihemd mit kurzen Ärmeln an, so wie ich auch, aber sein Hemd hatte Achselklappen mit den vier Kapitänsstreifen. Wegen der Hitze hier im

Roten Meer war sein Hemd am Hals weit offen, die Haare quollen im überall aus dem Hemd, der Nase und aus den Ohren. Er hatte Augenbrauen wie unser ehemaliger Finanzminister Theo Weigel aus Bayern. Seine blauen Augen sahen mich neugierig an; der Kapitän war 64 Jahre alt, noch ein Jahr und dieses Denkmal geht in Pension.

Er packte mich plötzlich mit einer Schnelligkeit, die ich diesem Koloss gar nicht zugetraut hatte, an meinem Khakihemd direkt unter dem Hals.

Als seine Faust sich schloss, klemmte mir mein Hemd auf dem Rücken, ich glaubte, in einem Korsett zu stecken, so hart hatte es sich zusammengezogen! Das war seine linke Hand, er holte mit der rechten Hand aus, ich sah seine übergroße Handfläche, der Lotse fiel mir blitzartig ein und ich dachte noch Trommelfell oder Kieferbruch. Ich schloss meine Augen und erwartete den Einschlag!

Da hörte ich ihn schreien: „Ich hau dir nochmal eine in die Fresse!" Meine Augen gingen auf und er ließ mich los, seine große Koma-Kelle, die anatomisch seine rechte Hand war, sank langsam runter. Weißt du, was so ein Esel kostet, fragte er im scharfen Ton? Er ließ mich nicht antworten. „Wäre der über die Kante gesprungen, ich hätte dir 600 Dollar von deiner Heuer abgezogen."

„Heute Nacht haben sechs Matrosen, ein Bootsmann und ein Offizier, zwei Stunden gebraucht, um den Esel wieder nach unten an Deck in seinen Verschlag zu bringen. Dazu musste das Schiff beidrehen, den Backbord-Ladebaum klar machen und mit den Preventer-Winden den Ladebaum halten, damit er nicht in die Aufbauten schlägt, um den verrückt gewordenen Esel in einer Netz-Brooge nach unten auf Deck zu führen. Dieser Esel ist ein Zuchttier, ein Teil der Ladung, vergreife dich nie wieder an meiner Ladung!"

Fairerweise hatte er nicht gefragt, wer mein Helfer war, der Kapitän hatte Charakter, womöglich wusste er es und heimlich bewunderte er diese ungewöhnliche und makabre Leistung. Ich mochte den Kapitän, er winkte ab, ich könnte gehen. Plötzlich die Frage: „Stimmt das, Theo hat sich von oben bis unten vollgeschissen?" Er schmunzelte leicht, wartete meine Antwort nicht ab und ließ mich stehen, drehte sich um und ging in das Kartenhaus.

Ich war gerade noch mal so davon gekommen, ich frage mich heute noch, woher wusste er bloß, dass ich dabei beteiligt war.

Ich ging direkt in meine Kammer, um noch eine Runde zu schlafen, auf meinem Sofa lagen eine Flasche Whisky und eine der teuren Zigarren vom alten Ketenburg! Einige Tage später, als der Zimmermann in Theos Kammer Reparaturarbeiten machte, habe ich das ganze Ausmaß der Schäden erst richtig begriffen. Es waren eingebaute Schränke aus Massivholz zertrümmert worden, der Schreibtisch von Theo sah aus, als käme er gerade aus einer Sperrmüllpresse, von seiner Koje fehlte das ganze Fußende, selbst Bilder, die an der Wand angeschraubt waren, lagen zertrümmert zwischen klein gehauenen Bücherborden! Es kann sich kaum einer vorstellen, was so ein ausgeflippter Esel mit Eisenhufen anrichten kann. Nach einigen Wochen hatte sich Theo Ullrich der 2. Ingenieur wieder gefangen, sein ständiges Zittern ließ merklich nach, von seiner Gabel fielen auch die Speisen nicht mehr so oft runter, er hatte aber irgendwie einen Knacks bekommen. Öfters zitierte er jetzt Bibelsprüche aus dem alten Testament. Nach so einer für ihn apokalyptischen Nacht auch nicht verwunderlich, der Steward berichtete, auf seinem neuen Nachtschränkchen läge jetzt immer eine Bibel. Das deckt sich mit seinem neuen Verhalten, Theo war „trocken"! Er trank von dem Tag an keinen Alkohol mehr und wurde auch nicht rückfällig. Dem Chief fehlte nie mehr auch nur eine einzige Zigarre.

Leider ist Kapitän Vogelei, ein halbes Jahr nach seiner Pensionierung an einem Herzinfarkt gestorben, ich war tief betroffen von seinem Tod. Er war ein außergewöhnlicher Kapitän und der alte Ketenburg eine lebende Legende!

Die Wahrheit

Die Freienfels kam am 23.02.1964 morgens in Hamburg an. Ich musterte am nächsten Tag ab, meine Urlaubsplanung war abgeschlossen, ich freute mich auf einen knackigen Winterurlaub, leider zu früh. Der Maschinen-Inspektor der Reederei bat mich, ob ich auf meinen Urlaub verzichten könnte und sofort auf die Wachtfels fahren würde; sie liegt in Bremerhaven (nicht der Hafen in Bremen). Er wusste schon von Kapitän Vogelei über die „Eselei" im Roten Meer Bescheid! Der Inspektor verlor kein Wort über diesen rustikalen Streich.

Es gab damals einen Engpass von Ingenieur-Assistenten, einfacher gesagt, sie waren sehr knapp!

Ich sagte sofort zu und war am 25.02.1964 auf der Wachtfels. Ich glaube, der Inspektor hat das auf mein „Konto" gutgeschrieben. Dieser Mann war ein ehemaliger Schiffsingenieur, der nur Leistung honorierte, meine Dienstleistungen standen nie in Frage. Die ungewöhnlichen Späße von mir waren inzwischen bei der Reederei allen bekannt, trotzdem wurde ich mal nach Lüneburg zu einem Betriebsfest eingeladen. Es schmeichelte schon etwas, denn grundsätzlich wurde kein Bordpersonal zu solchen Feiern eingeladen!

Leider musste ich aus einem dienstlichen Grund absagen, mit meinem Freund Ernst Wölke, einem Schiffskoch, hatte ich schon einen derben Spaß vorbereitet, einigen Weicheiern aus dem Büro blieb womöglich eine Ohnmacht erspart.

Ich fuhr mit einem 3. Offizier in einem gemeinsamen Abteil nach Bremerhaven, es war ein normaler Zug ohne Eile. Von diesem Schiffsoffizier erfuhr ich, dass die Birkenfels, auch ein Hansa-Frachter, in der außen Schelde gesunken sei!

Ich erzähle diese Geschichte jetzt, wegen der Seeamtsverhandlung in Hamburg. Sie ist in ihrer Art und in ihrem Ausgang, wohl einmalig in der deutschen Handelsmarine und deshalb erwähnenswert.

Ich gebe diese Geschichte jetzt so weiter, wie ich sie am 26.02.1964 an Bord der Wachtfels in Bremerhaven gehört habe. Folgendes ist damals passiert: Die Birkenfels ist mit Langeisen beladen worden und sollte von Antwerpen aus nach Brasilien fahren. Es herrschte nebeliges Wetter. Die „Luise Bolten" ein Erzfrachter lief ein, sie rammte die „Birkenfels". Beide Schiffe hatten auf der außen Schelde ihr Radar auf 5-8 Seemeilen eingestellt. Was sich bei diesem diesigen Nebelwetter zwischen 1-5 Seemeilen abspielte, war beiden Schiffen völlig unbekannt!

Mit ihrem Anker, der vorne am Bug festsitzt, schlitzte der Erzfrachter die Birkenfels wie eine Konservendose auf, ein Loch entstand, da hätten drei Lkws bequem drin parken können. Die Birkenfels ging nach dieser „Misshandlung" schnell unter! Nur wenig Zeit war geblieben, Tote hat es Gott sei Dank nicht gegeben, auch keine verletzten Seeleute.

Von der Birkenfels ragt noch die vordere Mastspitze und die Saling aus dem Brackwasser der Schelde raus, die Untergangsstelle wird von einer Wracktonne markiert, um andere Schiffe vor diesem Hindernis zu warnen!

In Hamburg gab es eine Seeamtsverhandlung. Es ist dort üblich, dass die Kapitäne, Offiziere und Schiffsingenieure ihre Patente während der Verhandlung abgeben, sie liegen beim Richter auf dem Tisch vorne. Der Richter ist immer ein ehemaliger Kapitän aus der großen Fahrt. Es ist wie bei einer Kriminaluntersuchung. Die Schuldfrage aber wird aus Gründen der Versicherung geklärt.

Alle Beteiligten wurden befragt, wo sie zum Zeitpunkt der Kollision gerade waren. Auch der 2. Ingenieur der Birkenfels wurde befragt, er hatte ja Manöverwache zu dieser Zeit und musste am Fahrstand sein, zumindest aber im Maschinenraum. Es war ja noch gefährliche Revierfahrt auf der Schelde angesagt!

Er gab dem Richter die Antwort: „Ich war im Zwischendeck, dort ist unser Waschraum." Er durfte da nicht sein, nur am Fahrstand!

Der Richter fragte weiter: „Was haben sie dort gemacht?" Die Antwort: „Ich habe mich rasiert!"

Der Richter: „Haben sie die Kollision gehört?" „Ja, natürlich", seine trockene Antwort. Im Anhörungsraum herrschte Totenstille, der Richter fragte weiter: „Und was haben sie danach gemacht?" Die Antwort vom 2. Ingenieur war einmalig und unverfroren zugleich: „Ich habe mich weiter rasiert!"

Es ist die Wahrheit! Der 2. Ingenieur ist sofort sein Patent losgeworden, er fuhr dann auf einem ausländischen Frachter als Motorenwärter weiter zur See. Sollte er noch leben, ist er 94 Jahre alt.

Die Wahrheit zu sagen, ist nicht immer klug, aber es gibt nichts Dümmeres auf der Welt, als intelligentere Menschen zu belügen!

Ein Grab im Atlantik

Die Wachtfels war ein modernes Schwergutschiff und ihrer Zeit weit voraus, praktisch konkurrenzlos! Das neu entwickelte Stülcken-Schwergutgeschirr, ein Ladebaum, konnte einen Kolli von 180 t hieven und fieren und mit diesen schwingbaren, markanten Schwergutbäumen und einer Kopplung durch Kontertraversen des zweiten Schwergutbaums, sogar aus eigener Kraft 380 t Last heben. Natürlich haben neidische Reeder aus allen Seefahrtnationen, besonders Japan und die USA, ihre Spezialisten zur Spionage in den Hamburger Schiffbau geschickt, mit Erfolg! Sie sparten Zeit und Entwicklungskosten, Deutschland ist kein Land, das sich gegen technischen Diebstahl schützen kann!

Diese Schiffsklasse war auch noch schnell: eine Reisegeschwindigkeit von 22 Seemeilen die Stunde. Wir konnten natürlich im Notfall 26 Seemeilen fahren, es war aber unwirtschaftlich, der Brennstoffverbrauch stieg in der Potenz steil nach oben! Die Wachtfels hatte eine Drehstromanlage von 60 Hz und gehörte zur strategischen Reserve der Nato!

Ich sollte nur eine Urlaubsvertretung von einer Woche machen, es wurden 7 Monate und 25 Tage. Ich habe auf diesem Schiff besonders viel gelernt, was mir später beim Norddeutschen Lloyd Bremen außerordentlich nützlich war. Besonders meine Kenntnisse in der Kühltechnik, die ich auf einem Kühlschiff der Reederei Laeisz erwarb, konnte ich auf der Wachtfels erweitern.

Die Reise ging mit Schwergut in den Persischen Golf, durch den Shatt al-Arab nach Basra in den Irak und nach Khorramshahr in Persien. Ich war dort auf dem Basar, ich sah in winzigen Holzkäfigen den Bull-Bull, die persische Nachtigall eingesperrt. Ich habe alle aufgekauft, es waren 14 Käfige mit den gequälten kleinen Sängern! An Bord habe ich sie alle freigelassen und ihre Käfige wütend zerschlagen, einer wollte unbedingt bleiben.

Er flog frei in meiner Kammer herum, bis Tampico an der Ostküste von Mexiko war er mein Gast. Der Vogel stellte unmöglichen Unsinn an und duschte sogar mit mir gemeinsam, ein kluger Schreihals war er. In Mexiko lagen wir 5 Tage, Tampico ist ein Ort, wo die Nachtigall sehr gut leben kann, das Klima ist gerade richtig für diesen lustigen Vogel. Er flog weg und kam nicht mehr zurück. Ich war sehr froh über seine Freiheit!

Dort in Tampico haben wir vier mexikanische Fischerboote mit ihrer Besatzung geladen, jedes Boot wog 250 t, wie Pappkartons haben wir sie an Deck gestellt; sie wollten in den Persischen Golf zum Krabbenfang. Den langen, teuren Weg mit schlechtem Wetter und Brennstoffverbrauch sparten die Mexikaner sich; unbeschadet und schnell haben wir sie an ihr Ziel gebracht und elegant auf dem Wasser abgeladen. Ich habe am 19.10.1964 in Antwerpen abgemustert.

Auf der nächsten Reise der Wachtfels gab es ein furchtbares Unglück mit 5 toten Seeleuten. Es starben 3 Matrosen, der Bootsmann und der 1. Offizier! Es war ein tragischer Arbeitsunfall, sie sind durch einen vermeidbaren Fehler gestorben; in einem leeren Süß-Öltank sind alle fünf Seeleute erstickt! In diesem Tank wurde dünnflüssiges Öl für die Margarineherstellung transportiert, Kokosöl, das immer über 40° C gehalten wurde, damit es im Tank kein hartes Fett wurde und jeder Zeit abpumpbar blieb.

Die klassische Variante fast aller Tank-Tragödien fand statt! Der leere Tank sollte gereinigt werden, der aber ist nicht korrekt belüftet worden, somit fehlte der nötige Sauerstoff zum Atmen!

Der 1. Offizier gab die Anweisung, alle Filtereinsätze von den Saugstutzen im Tank auszubauen und zu reinigen, aber wie so oft im Leben, er wollte Zeit und wie er falsch dachte „unnötige" Arbeit sparen. Sie hätten die großen und schweren Lukendeckel vom

Tank auf dem Vorschiff losschrauben müssen, es waren ca. 60 Knebelschrauben, eine zeitraubende Arbeit, das Schiff beidrehen und die Geschwindigkeit reduzieren, mit dem vorderen Kran den 10 t schweren, eisernen Tankdeckel anheben. Der 1. Offizier glaubte, eine kleine Einstiegsluke reiche als Belüftung aus, ein fataler Irrtum! Es war die falsche Entscheidung und somit deren Tod!

Der 1. Offizier, der die Verantwortung trug, ist dabei mitgestorben, mitten im Ozean. Sie bekamen alle ein Grab im Atlantik.

Die Dame aus der Nixenklause

Nach nur 10 Tagen Urlaub wartete die MS Ehrenfels auf mich. Sie lag in Hamburg und war das Schwesterschiff der MS Freienfels. Während des 2. Weltkrieges war die Ehrenfels im neutralen Goa, einer portugiesischen Enklave in Indien, stationiert und eine Berühmtheit als Deutsches Agentenschiff gewesen! Am 30.10. 1964 habe ich in Hamburg angemustert und am gleichen Tag noch ging es nach Bremen, wo sie in ein paar Tagen in der AG-Weserwerft einen neuen Unterbodenanstrich erhalten sollte. Das Schiff hatte so viel Muschelansatz, dass die Geschwindigkeit stark eingeschränkt wurde. Alles musste sandgestrahlt werden, eine mühselige Vorarbeit, dann erfolgte eine Grundierung, erst danach kam der eigentliche Unterbodenanstrich. Das Schiff lag entladen im Europahafen; einige an Bord nutzten die Zeit, um zu Hause bei ihren Familien zu sein. Nur ein Schiffsingenieur und drei Ingenieur-Assistenten waren für die Maschinenanlage an Bord zuständig. An Deck waren nur zwei Matrosen und die Kombüse wurde von einem Koch-Maaten besetzt. Der Schiffsingenieur musste nur an Bord sein, er brauchte keinen Wachdienst im Maschinenraum zu verrichten, das machten ja die Assistenten.

Es war der 3. Ingenieur, ein Jugoslawe, mit einem österreichischen Pass. Keiner mochte ihn, weil er ständig übermäßig trank und dazu noch unangenehm pöbelte; es war ein Verhalten, das einen zur Weißglut reizte. In der Hafenwache hatte jeder Assistent 8 Stunden Dienst und danach 16 Stunden Freizeit. Ich hatte Nachtwache von 0 bis 08.00 Uhr morgens, als ich um 00.00 Uhr meinen Nachtdienst antrat, gingen die beiden anderen Assistenten an Land und der Jugoslawe kam zu mir in den Maschinenraum runter. Er sagte: „Ich gehe jetzt an Land, einen trinken. Damit du hier unten im Keller nicht einschläfst, habe ich Arbeit für dich! Den Hauptseewasserfilter auf Backbordseite ausbauen, reinigen und das Innengehäuse mit Appexor konservieren, also baue hier unten keinen Mist!" Es war eine schwachsinnige Arbeitsanweisung, da in den nächsten Tagen im Trockendock alle Seewasserventile und Filter von der Werft ausgebaut und überholt wurden. Laut Seemannsgesetz durfte er das Schiff nicht verlassen, er brauchte nicht zu arbeiten, musste nur anwesend sein, die sogenannte Bordwache im Hafenbetrieb! Selber allein durfte ich unten im Maschinenraum keine größeren Arbeiten verrichten, wegen der Unfallgefahr. Es gab keine Hilfe, sollte ich einen schweren Unfall haben! Das war dem 3. Ingenieur, diesem Flachkopf, vollkommen egal. Ich hatte nur eine Funktion auf der Nachtwache: Den Hilfsdiesel alle zwei Stunden abschmieren, Kontrollgänge machen und die Stromversorgung sichern. Bevor ich loslegte, informierte ich den wachhabenden Matrosen an Deck, er solle alle 2 Stunden unten anrufen bei mir, ob alles o. k. ist im „Keller".

Ich baute den riesigen Seewasserfilter vom Hauptseewasser-Eintritt aus. Plötzlich kam ein dicker Wasserstrahl aus dem Filter, das Hauptabsperrventil und ein zweites vor dem Filter waren undicht. Unmengen von Wasser aus dem Hafenbecken drückten in den Maschinenraum. Ich stellte sofort die Lenzpumpe und sogar die Ballastpumpe auf notlenzen an, eine doppelte Kolbenpumpe mit enormer Leistung. Der Maschinenraum konnte so nicht absaufen. Zum Glück lief der Diesel, der den Strom erzeugte, auf der Steuerbordseite im Maschinenraum, so konnte das gewaltige Spritzwasser nicht unter dem Generator und seine Luftschlitze gelangen!

Den schweren Filterdeckel konnte ich wegen des enormen Wasserdrucks nicht mehr aufsetzen und festschrauben, zumindest nicht allein!

Ich habe in unserer Werkstatt, eine Steckscheibe aus einer 6 mm dicken Blechtafel mit dem Schneidbrenner rausgeschnitten und die zwischen dem defekten Ventil und dem Filtergehäuse eingebaut. Alles war auf Spannung, mit einem Hubzug musste ich den starren

Seewasserfilter bewegen, um in den jetzt freien Spalt die Blindscheibe reinschlagen zu können. Im Trockendock der Werft werden die undichten Ventile ja gewechselt, diese unnütze Arbeit hätte man sich sparen können, aber das sagen sie mal einem angetrunkenen Vollidioten!

Die Pumpen schafften das eingedrungene Wasser aus den Bilgen gut weg. Das Innengehäuse vom Hauptseewasserfilter hatte ich vor dem Wassereinbruch noch halb mit der hochgiftigen Farbe Appexor streichen können. Zwischendurch wechselte ich meine nasse Arbeitskleidung. Als ich geduscht hatte und endlich meine Freizeitsachen anhatte, war es 07.45 Uhr, meine Nachtwache hatte ich rum. Ich ging nach oben an Deck, um frische Luft zu schnappen und meine Ablösung zu wecken, sollte sie schon an Bord sein. Da kam der 3. Ingenieur sturzbetrunken die Gangway hoch, stolpernd an Deck. Er hatte seine komplette Bordwache, die ja vom 2. Ingenieur angeordnet war, an Land verbracht! Er sah mich und sagte (Ich zitiere jetzt wörtlich): „Na Assi, du faule Sau, was haste die ganze Nacht gemacht?"

Ich wollte gerade diese Lusche einstampfen, da kam meine Ablösung und meinte zu mir: „Lass es sein, der Idiot hat gekündigt, nach der Werftzeit geht er von Bord." Ich habe den Jugoslawen daraufhin nur noch wütend ignoriert! Einige Tage später, wir lagen inzwischen mit der Ehrenfels im Trockendock der AG-Weserwerft, bekam ich unerwartet die Gelegenheit, mich auf ganz besondere Art und Weise an dem jugoslawischen Trunkenbold mit österreichischem Pass zu revanchieren! Diese Flöte hieß Iwiec Huber, wie ich erfuhr, an Bord nannten sie ihn nur „Fusel-Iwiec". Er war ein Extremtrinker, in der Vergangenheit hatte er schon einige haarsträubende „Böcke" geschossen!

Wir bekamen jetzt Strom und Wasser von der Werft, auch die Sanitäranlagen an Bord waren an dicke Werftschläuche zum Entsorgen angeklemmt; die komplette Maschinenanlage war außer Betrieb. Ich hatte wieder Nachtwache, Fusel-Iwiec war auch an Bord,

aber diesmal musste er nicht auf dem Schiff bleiben, die Werft war für die Sicherheit zuständig. Der Iwiec Hubert, alias Fusel-Iwiec, ist leicht angetrunken von Bord gegangen, ein Antialkoholiker wäre bei den für Iwiec „kleinen Mengen", wenn er sie getrunken hätte, mit Sicherheit ins Koma gefallen!
Der 3. Ingenieur, Iwiec Hubert, ist nicht weit gekommen. Vor der Werft war die Kneipe, die Nixenklause, ein berüchtigtes Lokal, wo die Nutten der ganzen Hafengegend sich wohlfühlten, in dieser Kneipe ist Fusel-Iwiec versackt!

Von dort, aus der Nixenklause, hatte er auch eine Bordschwalbe mit auf die Ehrenfels gebracht, beide tranken jetzt weiter bis zum Umfallen!
Ich saß in meiner Kammer und hörte klassische Musik. Rundgänge im Maschinenraum machte ich nur sporadisch, die Werftarbeiter mit einem Meister waren dort unten bei der Arbeit. Sie wechselten alle Seewasserventile aus, manchmal brauchten sie eine Kleinigkeit aus unserem Store und der Werkstatt. Als ich durch das Oberdeck ging, sah ich sie, mir stockte der Atem, welch ein Anblick!
Die Kammertür von Iwiec Hubert stand weit offen, ein Tonbandgerät von Grundig, ein TK-14, war abgelaufen. Es stellte sich nicht selber ab, die Leerspule schleifte, das Band war gerissen und die gesamte Beleuchtung der Kammer vom 3. Ingenieur war an. Der Tisch und sein Schreibtisch waren voller Flaschen, Whisky, Gin, Rum und jede Menge Bierflaschen. Volle, halb volle, leere und umgefallene Flaschen. Es stank wie in einer Kneipe, die wochenlang nicht gereinigt und gelüftet worden ist. Der Aschenbecher quoll über von Zigarettenkippen und halb angerauchten Zigarren. Auf dem Tisch waren große Brandflecken, die vom umgefallenen Bier gelöscht waren. Der 3. Ingenieur Huber hing mit offenem Mund im Sessel, seine ungepflegten Zahnstummel waren froh, dass sie mal länger Luft bekamen, aber was für eine Luft? Es war furchtbar!

Seine Khakihose war im Schritt nass, alles stank nach Urin, er hatte sich im Suff in die Hose geschifft! Im Papierkorb schwammen Essensreste, vermischt mit verschüttetem Bier!

Für mich war Fusel-Iwiec ein moralischer Mülleimer, der jahrelang nicht entleert worden war.

Die Nutte, meine Güte! Was für ein Gonokokken-Mutterschiff, ihre zerrissene Jacke aus Kunstleder, war mit Senf beschmiert und lag am Boden. Das langärmlige Kleid, das sie trug, war total verschmutzter Gardinenstoff von unbekannter Farbe. Sie war geschminkt wie ein Zirkusschild von Roncalli und hatte ein aufgedunsenes Gesicht, einer nicht mehr therapierbaren Trinkerin der schlimmsten Sorte! Ihr verklebtes, strähniges Haar hatte schon Jahre keine Behandlung mehr erfahren, am linken Knie hatte sie einen verdreckten Verband, der sich langsam abwickelte und auflöste. Die Bordschwalbe aus der Nixenklause saß aufrecht, aber ganz leicht eingesunken vor dem Schreibtisch von Fusel-Iwiec und in dieser unbequemen Lage schlief sie ihren Vollrausch aus!

Sie schnarchte kurzatmig, kein regelmäßiger, rhythmischer Atem war zu hören und zwischendurch ein quälendes Pfeifen, als ließe man Luft aus einem Kinderschlauchboot ab. Das ganze Sofa war mit Bockwurstresten, Brötchen und erbrochenen Mageninhalten eingesaut!

Ich musste hier weg, es stank bestialisch, die gehörten beide in eine Autowaschanlage mit Unterbodenwäsche, vorher natürlich eine gründliche Vorwäsche mit der Hochdruckspritze.

Ich ging in den Maschinenstore um etwas für einen Werftarbeiter zu holen, da stand ein Sack mit Gips, plötzlich wusste ich, was ich machen musste. Es war eine Blitzeingebung vom Feinsten. Ich habe einen 5 mm dicken Autogenschweißdraht, der ein Meter lang war, genau geteilt, die beiden 50 cm langen Hälften genau im Winkel von 90° gebogen, die beiden Schenkellängen waren jeder 30 mal 20 cm lang von beiden Schweißdrähten. Dann habe ich Verbindungsdrähte dazwischen geschweißt, jetzt besaß ich eine Schiene, um gebrochene Arme zu schienen und einzugipsen! Ich holte einen Karton Leim und Isolierbinden aus dem Schrank, dazu Schere, Messer und einen Spachtel, erst jetzt rührte ich einen ganzen Eimer voll mit Gips an. Die Schiene hatte ich sauber am Ende umgebogen, damit sich niemand an den scharfen Kanten verletzen konnte.

Jetzt habe ich oben in der Kammer vom 3. Ingenieur nicht den Fusel-Iwiec eingegipst, nein, ich habe strategisch gedacht, der hätte sich den Gips unten in der Werkstatt mit einigen lauten jugoslawischen Flüchen wieder abgekloppt, das wäre dann aber alles gewesen. Der Nutte aus der Nixenklause habe ich die Schiene angelegt und ihr den rechten Arm eingegipst, immer dazwischen Leim und Isolierbinden gerollt, um auch eine richtige Stabilität zu erlangen, so eine Arbeit muss ja auch ordentlich gemacht werden!

Ihr Kleid am rechten Arm, habe ich einfach mit eingegipst, der Arm mit meiner Schiene wurde dicker als ein Ofenrohr. Putzlappen habe ich unter meine Profiarbeit gelegt. Ihr Kleid wollte ich nicht zusätzlich einsauen, es sah schon schlimm genug aus. Weiter durften keine Spuren entstehen, dass dieser Gips an Bord der Ehrenfels angepasst wurde!

Ich ging in den Maschinenraum runter und beseitigte auch dort alle Spuren, die Putzlappen entsorgte ich in der Abfalltonne der Werftarbeiter, die gerade abgeholt wurde.

Um 06.00 Uhr machte ich meinen letzten Rundgang. Fusel-Iwiec war aus dem Sessel gerutscht, er lag auf dem Kammerboden im eigenen „Aspik", einer Flüssigkeit aus Bier und Urin!

Die Bordschwalbe hatte ihre Lage kaum verändert, der Gips war hart geworden. Ich wollte gerade diese stinkige Gruft verlassen, mein Blick landete auf seinem kleinen Nachtschrank, da lag er, ein dicker, blauer Markierungsstift. Ich habe ihn genommen und auf meine Gipsarbeit ein Herz gemalt und geschrieben: „Mein lieber, kleiner Iwiec, ich liebe dich!"

Die „Dame" aus der Nixenklause in Bremen

Meine Wache ging ohne besondere Vorkommnisse für mich zu Ende. Die Ingenieure kamen, der Chief und die Herren der Werksleitung von der AG-Weserwerft waren auch an Bord. Komisch dachte ich, alles ruhig bei Fusel-Iwiec. Mein Frühstück, Spiegelei mit Speck, hatte ich schon weg und war bei Pfannkuchen mit Ahornsirup, da ging es richtig los da oben in der Müllkippe, die manche eine Kammer nannten! Das animalische Geschrei kann sich niemand vorstellen, ich habe noch nie im Leben solche Schimpfwörter gehört!

Ich wusste gar nicht, dass es solche gibt, eine kreischende Lautstärke, die mit jedem Rock-Konzert mithalten konnte. Ich schreibe diese perversen Ausdrücke nicht auf, das hier könnten auch mal Kinder lesen. Dem 3. Ingenieur, Iwiec Hubert, ist jedes Schamgefühl abhanden gekommen, er suchte jetzt Hilfe beim Chief-Ingenieur! Ich hörte ihn fragen: „Sie müssen doch noch wissen, Herr Hubert, ob die „Dame" aus der Nixenklause einen Gipsarm hatte, als sie mit ihr an Bord gingen? Ich hatte wirklich richtig gehört, der Chief hatte „Dame" gesagt!!

Der 3. Ingenieur Hubert gab der „Dame" laufend Geld, das Geschrei hörte einfach nicht auf, wie kann ein Mensch nur so eine Lunge haben? Von einer Leber dieser Größe, habe ich schon mal gehört!

Fusel-Iwiec wurde eine große Menge Geld los, er borgte sich noch welches, wie ich später erfuhr. Eine gute Zigarre zündete ich mir an, ich genoss das Kreischen da oben in der Kammer von Iwiec Hubert; alle vom Schiff bekamen diese Peinlichkeit mit. Zeitweise hörte es sich an, als ob sich da oben Affen paarten, der Umgebungsgestank würde ausgezeichnet dazu passen. Hoffentlich habe ich die Affen nicht zu sehr beleidigt!

Plötzlich klirrten Flaschen. Die „Dame", wie der Chief sie nannte, hatte mit ihrem Gipsarm den Tisch aufgeklart. Die Summe, die sich die Nutte durch lautes Schreien verdient hatte, war größer, als hätte sie 14 Tage stramm ihren Job gemacht, ich meine natürlich in jüngeren Jahren, in sehr viel jüngeren sogar!

Gegen 10.00 Uhr war Schluss, bei allen lagen jetzt die Nerven blank, bei mir nicht, ich überlegte gerade, ob ich noch eine Zigarre rauchen sollte, oder einen guten Cognac trinken, ich entschloss mich für beides, so etwas bekam man ja nicht jeden Tag geboten. Das Finale war noch nicht erreicht. Der Chief hatte die Polizei gerufen. Jetzt machte die „Dame" ihren einzigen Fehler, der ihre günstige Einnahmequelle zum Versiegen brachte. Hätte sie jetzt ihre Taktik geändert und die weinerliche Masche abgezogen, viel Mitleid bei der Polizei erweint, sie hätte nicht nur ihre Schreiorgane geschont, sondern sie hätte dem Fusel-Iwiec noch einige Scheine aus dem Kreuz geleiert. Im nüchternen Zustand hätte sie es schnell begriffen, aber sie schrie die Polizeibeamten an, als hätten die meine Gipsarbeit verrichtet. Mit lauter obszönen Worten empfing sie die ahnungslosen Beamten, die niveaulosen Schimpfwörter waren aber absolut neu, es gab kaum Wiederholungen in ihrer Schimpfkanonade. Ein unglaubliches Repertoire besaß sie. Die „Dame" aus der Nixenklause war eine lebende Datenbank für ordinäre Schimpfwörter! Sie wurde von der Polizei mitgenommen. Ich gönne der „Dame" das Geld von Fusel-Iwiec, eine Art Schmerzensgeld für meine Arbeit. Als er abmusterte, rief ich ihm zu: „Lieber kleiner Iwiec, willst du jetzt deine Braut auslösen?" Er drohte mir mit der Faust, bald fällt der Groschen auch bei ihm, wenn er mal nüchtern werden sollte!

Der Hafenarzt von Port-Louis auf Mauritius

Die tödliche Geburtstagsfeier

Wir haben am 11. November 1964 die AG-Weserwerft in Bremen mit der Ehrenfels verlassen. Fusel-Iwiec war nicht mehr dabei, er hatte frustriert abgemustert. Unsere Reise ging nach Südafrika, den Persischen Golf, Indien und das Mittelmeer, danach habe ich mit meinem Freund zusammen in Rotterdam den 18. Juni 1965 abgemustert und wir gingen in Urlaub. Auf dieser Reise mit der Ehrenfels gab es noch ein sehr trauriges Ereignis, ich möchte es nicht verschweigen, es war ein sinnloser Todesfall. Aber so ist nun mal die Realität im Leben.

Ein Jungzimmermann hatte einige Matrosen zu seinem 20. Geburtstag eingeladen. Es wurden, wie üblich, die halbe Nacht Unmengen getrunken. Als alle den Hals vom Alkohol voll hatten, ging jeder in seine Koje. Der Jungzimmermann hatte sich im Vollrausch übergeben. Da er aber auf dem Rücken lag, ist er am Erbrochenen erstickt! Im Seemannsgesetz der deutschen Handelsmarine steht ein Artikel, wonach ein Toter auf dem Schiff nur dann ein Seemannsgrab bekommt, wenn nicht innerhalb von 24 Stunden ein Hafen angelaufen werden kann; hier lag so ein Umstand vor. Wir hatten auf der Backbordseite in 10 Seemeilen Entfernung die Insel Mauritius passiert, also mussten wir den Hafen der Insel, Port-Louis anlaufen, damit unser Jungzimmermann dort bestattet werden konnte, das Gesetz sah es einfach so vor. Der 1. Offizier, zuständig für Deck- und Küchenpersonal, fragte den Bäcker, ob er den Toten ein bisschen säubern könnte und einen Anzug anziehen würde. Der Bäcker war ein ehemaliger französischer Fremdenlegionär und sein Freund gewesen; so schmutzig sollte der Tote den Behörden von Port-Louis nicht übergeben werden!

Die Ehrenfels ging im Hafen vor Anker, sie brauchte nicht an die Pier, denn dort wären enorme Gebühren fällig geworden. Ein Boot der Hafenbehörde mit der Polizei und dem Hafenarzt kamen längs der Bordwand von der Ehrenfels. Die Gangway wurde runtergelassen und die Herren kamen an Bord. Sie hörten sich die Umstände an, die zum Tod des Jungzimmermanns geführt hatten. Der Hafenarzt, ein kleiner, dicker, versoffener Franzose unbestimmten Alters, der bestimmt niemals mehr im Leben richtig nüchtern wird, nickte dauernd, er verstand alles am besten! Die Leiche wurde mit einer Trage von Bord gehievt, sie war gut verschnürt und im Polizeiboot vorsichtig abgesetzt worden. Der Hafenarzt ließ sich noch vom Steward eine Flasche Gin geben. Die Sache war erledigt, auch der Papierkram, dachten wir! Die Ehrenfels lichtete den Anker und nahm kleine Fahrt auf, da kam das Polizeiboot mit dem Hafenarzt nochmal zurück. Der kleine, dicke, französische Trunkenbold sagte, dem Jungzimmermann wären einige Knochen gebrochen worden! Wie ist das zu erklären? Der Bäcker, der das hörte, er hatte ihn ja gewaschen und frisch angezogen, stellte sich vor den Hafenarzt und erklärte ihm auf Französisch: „Die Leichenstarre war eingetreten. Sagen sie mir bitte, wie ich jemanden anziehen soll, ohne ihm die Knochen zu brechen! Der Hafenarzt nickte nur zu den Ausführungen des Bäckers. „Schon gut", meinte er jovial. Er schaute dabei den Steward bettelnd an, der gab dem Alkoholiker noch eine Flasche Whisky. Der öffnete seine alte historische Arzttasche und blitzschnell verschwand die Flasche darin. Nur ein einziges Instrument lag in dieser markanten Tasche, ein verchromter Korkenzieher! Der Fall wurde endgültig vom Arzt abgeschlossen. Die Ehrenfels ging auf Kurs, wir waren bald im Ozean verschwunden und von der Insel aus nicht mehr sichtbar!

Der Pinkelfritze

Nach meinem Urlaub habe ich sofort auf der MS Trautenfels angemustert. Dort war ich 1 Jahr und 7 Tage an Bord. Das Fahrtgebiet war Mittel- und Nordamerika, der Persische Golf und Indien. Auf diesem Schiff gab es einige Geschichten und Erlebnisse, eine sehr lustige Sache gleich am Anfang der Reise:

Ich muss hier auch ehrlich bleiben, die meisten Späße an denen ich beteiligt war, für mich waren sie alle lustig, aber meine Gegenspieler waren immer anderer Meinung. Sie definierten meinen Humor etwas anders, völlig anders sogar.

Wir lagen im Hafen von Rotterdam, es war ein Sonntag und der Lade- sowie Löschbetrieb ruhte. Nur bei wichtigen Ladungen wurde an Sonntagen gearbeitet, es ist abendländische Kultur und diese Kultur sollte auch so bleiben!
Ich war als Ingenieur-Assistent und Wachgänger von meinem Chef, dem 2. Ingenieur, für die Wartung der Rudermaschine eingeteilt worden. Die Trautenfels hatte achtern im Raum der Rudermaschine auf Backbord und Steuerbord je ein kleines und stabiles Bull-eye, das von innen durch eine Panzerblende gesichert werden konnte. Die Matrosen, die den Rumpf des Schiffes regelmäßig mit schwarzer Farbe gestrichen hatten, pönten das Glas mit dem Rahmen einfach mit über; das Glas war dickes Panzerglas und unzerbrechlich. So übergestrichen konnte man es von außen kaum als Bull-eye erkennen, nur bei ganz genauer Betrachtung, aber wer macht das schon? Ich hatte es einen kleinen Spalt weit geöffnet, es roch hier unten stark nach frischer Farbe. Jetzt schaute ich durch den schmalen Spalt; die beweglichen Knebelschrauben ließen sich nur schwer drehen, es wurde zu wenig bewegt, zusätzlich waren das Gelenk und das Gewinde von innen mit alter Farbe beschichtet.

Wir lagen mit der Steuerbordseite an der Pier. Ich konnte schräg nach oben sehen, das Schiff lag tief im Wasser, eine Menge Ladung war schon an Bord. Oben auf der Pier liefen Spaziergänger am Schiff vorbei, immer waren ihre Blicke auf das Oberteil der Trautenfels gerichtet. Ich musste die Rudermaschine abschmieren, alle beweglichen Teile, besonders die Welle in einer Rohrhülse für das eigentliche Ruder, wo Wasserdruck herrschte. Heute bei den modernen Schiffen gibt es so etwas nicht mehr! Ich hatte eine Druckluft-Spezialfettpresse, die einen Druck von 4,5 bar aufbauen konnte. Es war ein besonderes Fett, mit einer unglaublichen Haftreibung. Es musste ja gegen Seewasser an der Welle des Ruderschaftes lange haften bleiben, die Eigenschaft vom Fett war fast wie Klebstoff!

Ich hatte die Spritze voll Fett gemacht, eine Ladung so um die 400 g. Der Druck stimmte auch, ich schaute nochmal so beiläufig auf die Pier hoch. „Potztausend", sagte ich, das kann doch nicht sein, ich konnte es kaum glauben! Da stand so ein holländischer „Horndreher", der hatte seinen Hosenstall weit offen und pinkelte ganz ungeniert und versonnen an die Bordwand der Trautenfels!

Ich zielte auf den alten Pisser und schoss meine Fettspritze mit 4,5 bar Druck auf ihn ab, einen Fettstrahl genau in seine offene Hose rein. Als ob sich eine Peitschenschnur ausrollt und sich ihren Weg sucht, der Fettstrahl wollte kein Ende nehmen, so schien mir das. Ich traf alles! Der Rest klebte wohl an seinem Schambein fest. Der Mann da oben auf der Pier, der gerade am Pinkeln war, war ca. 50-60 Jahre alt, er zuckte zusammen und krümmte sich wie ein Pilzsammler. Die Fettpresse sah aus wie ein kleines Gewehr ohne Kolben, der Lauf lag gut im Spalt vom Bull-eye, es war im wahrsten Sinne des Wortes ein Sonntagsschuss!

Der Pinkelfritze bekam richtige Probleme, das Fett an seinem edlen Körperteil und deren Umgebung zu entfernen, mit viel Gänseschmalz kann man es einigermaßen lösen. Ich bezweifele, dass er es weiß. Aber eines weiß ich genau, der pisst nie mehr an ein deutsches Handelsschiff!

Warzen-Elly

In Khorramshahr, einem Hafen im Shatt al Arab, der zu Persien gehört, lagen wir mit der Trautenfels und der Bärenfels zusammen an der Pier, da hat sich Folgendes ereignet: Dort hat zu dieser Zeit keine richtige Hafenanlage nach westlichem Standard existiert, nur eine lange Pier für 4 Liegeplätze der Schiffe. Oft lagen dort nur Hansa-Schiffe aus Bremen und manchmal auch ein englisches Handelsschiff. Es war die Epoche, als der Schah von Persien die Geschicke des Landes noch bestimmte, aber ein streng moslemisches Land. Der Zoll hatte in der Nähe der Schiffe eine kleine Kneipe für die Seeleute errichtet, es war eine bessere Holzbaracke. So schlug man 3 Fliegen mit einer Klappe. Die Seeleute tranken dort unter Kontrolle teuren Alkohol, man verdiente tüchtig daran und sie waren getrennt von den frommen Moslems, die westliche Einflüsse nicht schätzten. Eine Frau als Bedienung war auch vor Ort, die unter Aufsicht vom Zoll den Alkohol an die Seeleute verkaufte. Sie war ungefähr 30 Jahre alt und „potthässlich". Als ob sie von der Natur nicht schon genug bestraft wurde, hatte sie eine haselnussgroße Warze an der linken Nasenseite, mit einem einzigen Haar darauf von 1 cm Länge.

Schnell hatte sie von den Seeleuten einen Spitznamen bekommen, alle nannten sie nur Warzen-Elly! Keiner kannte ihren richtigen Namen, sie bekam vom Zoll ein großzügiges Gehalt für damalige Verhältnisse und noch dazu für eine moslemische Frau eine Traumbezahlung. Die Trinkgelder der Seeleute waren auch nicht klein gewesen, sie hätte also hochzufrieden sein müssen, so ein Einkommen hatte noch nicht mal der Zollinspektor vom Hafen dort. Aber nein, sie wurde immer gieriger! Der Ärger war somit vorprogrammiert und er kam natürlich in einer sehr drastischen Reaktion der Seeleute. Sie betrog, wo sie nur konnte, in Dimensionen, die keiner mehr verstand. Wir lagen mit der Trautenfels an der Pier, hinter uns die Bärenfels, sie war damals das stärkste Schwergutschiff der Welt! Ihre gigantische Hebekraft wurde von allen Fachleuten der Branche bewundert. Ein englisches Schiff lag auch noch mit an der Pier, die britischen Seeleute wurden auch immer Opfer von Warzen-Ellys Rechenkünsten. Es gab mal wieder Streit mit ihr, die Seeleute der Bärenfels hatten die plumpen Betrügereien einfach satt. Eine ungewöhnliche Aktion wurde gestartet. Man legte einen langen, 20 mm dicken Draht um die Kneipe, schäkelte noch einige Meter Drahtlänge daran, der Stahldraht wurde achtern um das Verholspill gelegt und mit einer Zugkraft von mehreren Hundert Tonnen das Barackengebilde, das eine Kneipe war, einfach eingerissen! Die Briten waren hell begeistert von dieser Tat, ich natürlich auch, es war meine Sprache! Die Betrügerhütte stürzte in sich zusammen, zwei Zollbeamte, die mit dieser rustikalen Arbeit nicht einverstanden waren, wurden entwaffnet und bezogen eine Tracht Prügel. Aus ihren Karabinern wurden die Schlösser entfernt und in das Wasser geworfen; diese kastrierten Flinten konnten sie jetzt als Tomatenstöcke benutzen! Warzen-Ellys rosige Zukunft war zerstört, ihre lüsternen Blicke galten nur den Brieftaschen der Seefahrer; je betrunkener sie waren, umso aufmerksamer wurde ihr Blick auf die Opfer. Jetzt war Schluss, ihr Traum, reich zu werden, war geplatzt. Der Schaden wurde von der Hansa-Reederei bezahlt und als „Kulturbeitrag" von der Steuer abgesetzt. Ihr aber wurde der Prozess gemacht, nicht weil sie ständig betrog, nein, weil der Zoll nicht die nötigen Prozente von ihren „Sondereinnahmen" erhalten hatte. Die Kneipe wurde mit dem großzügigen Geld der Hansa wieder aufgebaut. Das Geschäft war einfach zu lukrativ für den unterbezahlten persischen Zoll. Als der Schah verschwand und Ayatollah-Khomeini kam, da gab es diese Kneipe auch nicht mehr!

Die toten Schafe von Kuwait

Die Trautenfels trat ihre Heimreise an. Auf unserem Rückweg hatten wir noch einige Häfen anzulaufen, um Ladung aufzunehmen oder zu löschen. Auf dieser Rückreise gab es einige Ereignisse, die es Wert sind, über sie zu berichten. Ich erinnere mich noch genau an diese Vorkommnisse:

In Kuwait sollten wir nur 3 Tage liegen und danach Oman anlaufen, es liegt auf der Südostseite der arabischen Halbinsel. Als wir in Kuwait an der Pier festgemacht hatten, lag noch ein Viehtransporter achtern hinter uns, mit 5000 lebenden Schafen an Bord, die Fracht kam kurz vor uns aus Neuseeland an.

Es waren mehrere Decks, bestimmt ohne Baugenehmigung und ohne Werfterfahrung nachträglich, illegal übereinander aufgesetzt worden, um mehr lebende Schafe laden zu können. Beim Abladen der Schafe wurde ein eklatanter Fehler gemacht! Diesen Seeleuten (wenn es welche sein sollten) des orientalischen Viehtransporters waren alle Hebelgesetze der Physik vollkommen unbekannt. Was eine Schwerpunktverlagerung bedeutet, sollte zumindest der dümmste Kapitän eines jeden Schiffes wissen!

Statt Ballastwasser noch zusätzlich in die Tanks zu pumpen, wurden alle Tanks gelenzt! Die Schafe kamen alle nach oben, der Schwerpunkt des Schiffes auch, der jetzt instabile „Schafskasten" kippte an der Pier um, er war kopflastig geworden! Das ganze Hafenbecken füllte sich mit toten Schafen, sie ertranken im Seewasser, das eine Temperatur von 33°C hatte, es bestand akute Seuchengefahr! Kuwait hatte den größten Seewasserverdampfer der Welt in Betrieb, da wurde Trinkwasser hergestellt. Diese Entsalzungsanlage kam aus Deutschland von der Firma Atlas-Elektronik. Sie wurde damals gebaut, um Kuwait vom irakischen Wasser unabhängig zu machen. Jetzt musste sie abgestellt werden. Alle Schiffe, die im

Hafen lagen, gaben Trinkwasser ab, es wurde laufend von Tanklastzügen abgeholt. Aber die vielen Tausende von Schafen mussten dringend aus dem Hafenbecken raus, die Bergung der toten Tiere ging viel zu langsam vonstatten.

Das gekenterte Schiff, diese verschrobene Eigenbauweise, konnten die Kuwaiter nicht selber heben, es fehlte ihnen nicht nur das Gerät dazu, sondern auch das technische Wissen und die Experten. Eine Bergungsfirma aus Hamburg bekam den Auftrag. Mit einem Kompressor wurden leichte Plastikkugeln in den Schiffskörper gedrückt und große Schwimmkörper aus Gummi im Wasser installiert. Von der Pier aus zogen starke Seilwinden und von der Hafenseite drückten zwei Schlepper. In 36 Stunden hatte die Bergungsfirma das Schiff gehoben und auf Position gestellt. Dieser Schaftransporter wird keine Tiere mehr in Kuwait transportieren. Er wird bestimmt nach Indien gelangen und von gewissenlosen Geschäftsleuten als Fähre eingesetzt werden, bis er eines Tages völlig überladen in einem Sturm untergeht!

Das Dynamit von Oman

Mit einem Tag Verspätung fuhren wir von Kuwait los, durch den persischen Golf, passierten die Straße von Hormus im Golf von Oman nach Al-Jawärah. Da es dort keinen Seehafen für große Handelsschiffe gibt, musste die Trautenfels auf Reede vor Anker gehen. Um die nötige Tiefe zu haben, lagen wir eine Seemeile vor unserem Zielort am Anker!

Das Meer dort in Küstennähe ist weitläufig sehr flach und die Region wird von großen Handelsschiffen in einem weiten Abstand umfahren. Die Fracht, die wir dort abholten, gehörte einer englischen Ölgesellschaft. Wir mussten diese Spezialladung nach Tripolis bringen, es waren 4800 t Dynamit, eine ungewöhnliche große Menge Sprengstoff!

In dem Ort Al-Jawärah gab es keine Schlepper, nur einige Fischerboote. Diese Boote mit der eigenwilligen Segelkonstruktion waren aber seetüchtig, schon vor über 1000 Jahren hatten die Araber Handel mit Indien und China! So eine arabische Dau hat heute natürlich auch zusätzlich zu ihrem Dreiecksegel einen Motor. Im Ort selber schien die Zeit stehen geblieben zu sein, Orientkenner wären begeistert von dieser unverfälschten Kultur. Gerne hätte ich mich einmal gründlich umgesehen, meine persönliche Meinung bilde ich mir lieber selber über Land und Leute. Aber es gab striktes Landgangsverbot, das war auch berechtigt. Menschenraub ist dort eine beliebte Nebentätigkeit, nicht nur im Jemen. Es gibt dort noch richtige Sklavenmärkte. Viele neugierige Europäer sind dort schon gelandet, wenn sie Glück hatten; meistens wurden sie ermordet!

Das muss sich einer erst mal vorstellen, wir schrieben damals auf der Trautenfels schon das Jahr 1965!

Auf dem Deck unseres Schiffes war eine PS-starke eigene Barkasse vertäut, die wurde seeklar gemacht und sollte die Landschen ziehen, die von einheimischen Hilfskräften beladen werden. Mit dieser Taktik hatte die Hansa-Reederei schon manches gute Geschäft gemacht und hatte damals in der Golf-Region die absolute Handelshoheit. Natürlich wurde auch tüchtig mit Bakschisch umgegangen, die Araber kannten das Sprichwort auch: „Eine Hand wäscht die andere!" Die „Schauerleute" waren alle Wüstenbewohner, die sich etwas Geld beim Beladen des Schiffes verdienen wollten. Die Schiffsführung hatte 20 Tage für die Beladung der Trautenfels mit dem Dynamit angesetzt, der 1. Offizier ordnete ein Bootsmanöver mit den Rettungsbooten an. Man wollte ein Boot gleich für eine Inspektionsfahrt an Land benutzen, um die Ladungssicherheit zu dokumentieren!

Alles lief nach Plan ab. Das Bootsmanöver klappte und kleine Mängel wurden sofort beseitigt, es war eine eingespielte Mannschaft. Ich bediente den Bootsmotor, der 3. Offizier und drei Matrosen saßen im Boot und sollten unsere Ladung sichten und dokumentieren. Wir kamen an Land und suchten das Dynamit, unsere Ladung. Der 3. Offizier sagte: „Ich kann hier unsere Ladung nicht sehen, die soll im Freien verstaut liegen, er war sehr verwundert, denn 4800 t sind schließlich keine Kleinigkeit."

Als ich ihm das Dynamit zeigte, wurde er leichenblass und ich auch!

Ich hatte den Eindruck, seine Beine knickten ein und er musste gestützt werden, eine pelzige Zunge dagegen bekam ich, in Deutschland hätte man diesen Ort sofort weiträumig abgesperrt. Jeder europäische Sicherheitsingenieur hätte bei diesem Anblick seine Lebenskrise bekommen!

Das Dynamit war nur in Pappkartons verpackt, 6 Stangen in jedem Karton, immer 3 Stangen übereinander. Jede Stange war 10 cm dick und 80 cm lang, genau für die Bohrlöcher der Ölfirma konzipiert. Die Kartons waren zwei Meter hoch und zehn Meter breit gestapelt, eine sehr lange Reihe. Die Dynamitstangen waren noch einzeln in Plastikfolie eingeschweißt. Man konnte es deutlich sehen, weil jede Menge dieser Kartons defekt waren! Aber das Schlimmste für uns waren die Arbeiter, ungefähr 50 Muselmänner saßen lustig auf den teilweise schwer beschädigten Pappkartons und rauchten, einige hatten Zigaretten, ich sah auch welche aus Ton- und Meerschaumpfeifen paffen. Ich dachte noch, warum können diese Idioten keinen Kautabak benutzen?

Diese Araber wissen nicht, worauf sie sitzen und rauchen, sie glauben womöglich, das ist getrockneter Mohn für die Ungläubigen. Ihre gebräunten Gesichter wären auch etwas heller geworden und sie hätten mit Sicherheit die Flucht ergriffen. Ich bin überzeugt, man hat diese Menschen bewusst im Unklaren gelassen. Für diese Arbeit hätten sie das Zehnfache an Lohn gefordert oder es überhaupt nicht gemacht! Das Dynamit sah wirklich wie gepresster Mohn aus und hatte auch die Farbe dieser Ölfrucht. Als Alfred Bernhard Nobel in Paris am 27. November 1895 sein Testament unterschrieb, hätte er bestimmt nicht geglaubt, dass mal ein Schiff mit 4800 t Dynamit von 50 Analphabeten beladen würde!

Wir verließen den lebensgefährlichen Ort, der 3. Offizier trieb mich zur Eile an, ich erklärte ihm: „Ausreißen können wir nicht, kommt es zu einer Explosion, ist es völlig egal, wo wir sind, oder wie schnell unser Boot sich von hier entfernt, wir sind sofort alle tot. Die Gicht, die wir mal im Alter bekommen werden, bleibt uns erspart, wir sind sofort kosmische Energie." Er hatte in dieser Situation absolut kein Verständnis für Humor, die Matrosen ebenfalls. Das wirklich Fatale am Dynamit war, sollte es anfangen zu schwitzen in der eingeschweißten Plastikfolie, bildet sich Nitroglyzerin. Dann reicht eine leichte Erschütterung von so einem Tropfen aus und es gibt mit diesen 4800 t Dynamit einen kleinen „Urknall"!

Die Trautenfels in einer Seemeile Entfernung auf Reede und diese Ortschaft mit allen Menschen würde es nicht mehr geben. Das aber sagte ich dem begabten Nautiker nicht, er hatte Todesangst, zappelte rum und konnte im Boot nicht still sitzen. Die drei Matrosen waren ruhig und entspannt, als ginge es hier um defekte Marmeladenkartons. Ich glaube, sie hatten diese Gefahr überhaupt nicht begriffen oder in der Schule im Chemieunterricht gefehlt!An Bord angekommen, rannte der 3. Offizier sofort zum Kapitän und aufgeregt berichtete er über den desolaten Zustand der Ladung und die paffenden Araber auf den kaputten Dynamitkartons mit ihrem tödlichen Innhalt! Zu gerne hätte ich gewusst, wie der Kapitän den Sanguiniker ruhiggestellt hatte. Ich ging zum 2. Ingenieur und wollte seine Meinung hören, der Chief war dort gerade anwesend, eine Brennstoffabrechnung und einen Rechenschieber in der Hand. Ruckzuck hatte er eine Antwort, er sagte: „Das Dynamit explodiert nur mit einer Schwefelzündschnur!" Die Temperatur von Zigaretten reicht nicht aus, er sah mich dabei an, aber eine gute, abgelagerte Bremer Zigarre, so wie du sie rauchst, könnte ausreichen. Die Glut dieser Zigarre wird fast so heiß wie der Zündpunkt, der für das Explodieren des Dynamits gebraucht wird. Der Chief war kalt wie eine Hundeschnauze, ich wollte ihn ein bisschen aus seiner Reserve locken und sagte: „Da ist noch etwas." Er schaute mich fragend über seinen Brillenrand an. „Ich habe meine Zigarrentasche an Land verloren." Ganz leise und demütig sagte ich das! Mit der flachen Hand haute er sich auf die Schenkel: „Sehr gut, ausgezeichnet, ich habe schon von deinem verrückten Humor gehört, wirklich einmalig, das muss man schon sagen." Er schüttelte seinen Kopf und verließ die Kammer des 2. Ingenieurs.

Endlich kamen die kompetenten Leute, die für das Dynamit zuständig waren an Bord. Es waren britische Techniker vom Ölkonzern. Genau 14 Tage brauchten wir mit unserer Barkasse, um das Dynamit an Bord zu laden und besonders zu verstauen. Wir durften den Suezkanal nicht durchfahren, so eine Angst hatten die Ägypter vor dem Schiff mit dem Dynamit von Oman. Es ging um Afrika rum, durch Gibraltar nach Tripolis. In 6 Tagen hatte das Militär die

Ladung gelöscht, bis 17.00 Uhr wurde immer gearbeitet, danach mussten wir raus aus dem Hafen und in 10 Seemeilen Abstand die Nacht verbringen, alles aus Sicherheitsgründen. Alle waren später froh, dass nichts passiert war mit dem Dynamit von Oman!

Die Straße von Messina

Nach Tripoli musste die Trautenfels noch die letzten beiden Häfen Genua und Marseille anlaufen, danach ging es in die Heimat zurück. Alle freuten sich auf zu Hause, es war Weihnachtszeit. Ich war allein und auf mich wartete niemand, daher blieb ich auf dem Schiff und ging die ganze Liegezeit über die Bordwache. Diese Reise war noch nicht zu Ende, da passierte unserem Kapitän ein nicht alltägliches Missgeschick:

Als die Straße von Messina von der Trautenfels durchfahren wurde, zwischen Sizilien und dem italienischen Festland, da wurde genau um 02.00 Uhr der Kapitän vermisst, das ganze Schiff wurde nach ihm abgesucht, er war ein Dauertrinker! Ein Besatzungsmitglied machte eine präzise Zeitangabe: 00.10 Uhr letzter Sichtkontakt mit dem Kapitän, der Alte ging nach vorne auf die Back, keiner wusste warum. Man fand seine Schuhe auf der Steuerbordseite, dicht nebeneinander hingestellt, vor der Ankerklüse. Der Kapitän ist zu Bett gegangen! Er glaubte, er legt sich in seine Koje, seine Jacke und Mütze hatte er sauber auf dem Poller vorne abgelegt und sich plumps ins weiche Nest fallen lassen, dachte der Trinker!

In seinem neuen Wasserbett wurde er richtig wieder wach. Spätestens jetzt bemerkte er den Irrtum, dass er seinen geblümten Pyjama gar nicht anhatte. Der 1. Offizier wendete die Trautenfels, jetzt wurde sehr genau auf der Seekarte die Position festgestellt, wo das Schiff um 00.10 Uhr war? Die Strömung der Schifffahrtstraße wurde in die Berechnung mit einbezogen, die Geschwindigkeit des Schiffes, sowie der jetzige Kurs. Der 1. Offizier machte ein Kreuz auf der Seekarte und sagte: „Dort finden wir unseren Kapitän, oder er ist tot!" Es hörte sich endgültig an und war auch so gemeint. Alle Scheinwerfer und Sonnenbrenner wurden klar gemacht, es war stockdunkel, leichter Seegang war auch und genau auf dem ausgerechneten Punkt wurde der Kapitän gefunden. Er war jetzt nüchtern und sagte: „Ich habe mich freigeschwommen, auf diesen Schreck muss ich einen trinken!" Dieser Vorfall wurde natürlich vom 1. Offizier in das Logbuch der Trautenfels eingetragen und somit dokumentiert. Der Kapitän war vier Stunden im Meer geschwommen, in der Straße von Messina. In Deutschland stand in der damaligen Seemannszeitung „Kehr-Wieder" ein großer Bericht darüber, mit der dicken Überschrift: „*Eine Meisterleistung der Navigation!*"

Der Sareng von Karatschi

Auf meiner zweiten Reise mit der Trautenfels bekamen wir eine neue Mannschaft aus Pakistan und die unausweichlichen Probleme gleich mit dazu!

Die Maschinenbesatzung kam aus Westpakistan, es waren Moslems, mit denen war es nicht einfach. Die Besatzung für das Deck kam aus Ostpakistan und es waren Hindus. Es machte Spaß, mit denen zu arbeiten, nie gab es mit diesen Seeleuten Ärger. Nur Offiziere, Unteroffiziere, Ingenieure und Ingenieur-Assistenten waren Deutsche und alte Hansa Fahrer, zu denen ich ja auch schon fast gehörte. Die Reederei-Politik hatte bewusst drei Weltreligionen an Bord zusammengestellt. Ein fataler und kurzsichtiger Irrtum. Wir Christen können uns, wenn wir tolerant genug sind, mit jeder Religion einigen und auch auf einem Schiff klarkommen. Zwischen Moslems und Hindus gibt es keine Toleranz auf einem engen Schiff, zumal noch bei zwei gleichstarken Gruppen. Das aber war den Dummköpfen, die das Sagen bei der Reederei hatten, vollkommen unbekannt!

Der Chef der Moslem-Besatzung suchte seine Leute selber aus. Sie mussten dafür drei Monate umsonst arbeiten, ihre Heuer strich dieser Strolch für sich selber ein. Er war ein ehemaliger britischer Berufssoldat. Sein Vollbart war mit Henna rot gefärbt, eine bekannte und beliebte Farbe aus dem Orient. Es war für diese Religion gleichzeitig ein Würdezeichen, dass er als Pilger in Mekka war. Dieser Chef war der Sareng, er hatte eine bestickte Kappe mit Goldfäden auf und einen weißen Burnus mit weiten Glockenärmeln an, darin verschränkte er immer über Kreuz die Hände, seinen schwarzen Knopfaugen entging nichts.

Bei der Proviantierung der Trautenfels musste jetzt auf die Moslems Rücksicht genommen werden. Sie aßen kein Schweinefleisch, was sehr klug ist, ich selber habe in den Tropen nie Schweinefleisch gegessen!

Der 1. Offizier fuhr mit dem Sareng und einem Reederei-Vertreter nach Bremerhaven, um Fisch für die Reise einzukaufen, es war an große Mengen gedacht. Um besonders frischen Fisch zu bekommen, fuhren sie direkt in den Fischereihafen rein. Die Fische sollten direkt vom Kutter gekauft werden, der war gerade vom Fang aus dem Nordatlantik nach Bremerhaven heimgekehrt.

Es war kalt in der ersten Januarwoche im Jahr 1966 in Bremerhaven. Der Sareng sagte zum 1. Offizier: „Den Fisch lehne ich ab, der ist nicht frisch, in so kaltem Wasser können keine Fische leben!"

Der Sareng war nicht zu bewegen oder gar zu überzeugen, er blieb bei seinem Glauben und mit solchen Leuten ging die Trautenfels auf große Fahrt.

Der „Freischwimmer", unser Kapitän, war auch wieder mit dabei, ich wusste genau, der löst keine Probleme, der macht nur welche! Dreimal täglich wurde die Arbeit unterbrochen, die Moslems beteten alle in Richtung Mekka, sie waren also fromme Gläubige, was sie aber nicht daran hinderte an Bord zu stehlen. Der Kapitän, ein ständig betrunkener Schwächling, er scheute die Konfrontation mit den Dieben, alle Vorwürfe und Beschwerden wurden einfach ignoriert. Nur einmal sagte er zu einem 3. Ingenieur: „Passt besser auf euer Zeug auf!" Als mir mitten auf See aus meiner Kammer 23 Dollar und ein goldenes Zigarren-Feuerzeug gestohlen wurde, ich hatte es in Kuwait auf dem Goldbasar gekauft, wusste ich natürlich, wer der Drahtzieher vom Diebstahl war. Der Chef der „Elstern" war der Sareng, er bekam von jedem Diebstahl 50 % Beteiligung ab. Nach einem sehr guten Frühstück kam ich morgens gut gelaunt um 08.00 Uhr in den Maschinenraum runter. Ich hatte die 8-12 Uhr-Wache, der Sareng mit seinen Leuten hatte Tagesdienst und er fing schon um 06.00 Uhr an. Ich wartete in der Werkstatt ab, bis ich mit dem krummbeinigen Rotbart allein war. Ich begrüßte ihn freundlich und zog eine 9-mm-Militärpistole, die ich mal in Texas erworben hatte, aus meiner Tasche und zeigte sie ihm. Er verstand etwas von Waffen. Ich zog den Schlitten der Waffe durch und schoss in den Ambossklotz, der hatte 80 cm Durchmesser und war aus Eiche. Ich hatte fast durch den Klotz geschossen, eine Waffe mit enormer Schusskraft war das. Im Magazin der Waffe waren 8 Patronen. Er nickte und sagte dabei: „Eine sehr gute Waffe!"

Jetzt sagte ich ganz freundlich zu ihm: „Sollte mein gestohlenes Feuerzeug und die 23 Dollar nicht den Weg in meine Kammer zurückfinden, werde ich dir krummbeinigem Scheißkerl beide Kniescheiben wegschießen und deine unnützen Eier gleich mit! Du kannst dann auf deinen Händen in die Toilette gehen und dich über deine Tränensäcke leer pissen! Ich will deine Leute nicht mehr in meiner Kammer sehen! Saubermachen und meine Koje bauen auch." Ich sah ihn hart an, seine schwarzen Knopfaugen zuckten ständig und er merkte, dass ich nicht scherzte. Der Sareng war Linkshänder, wo er im Ärmel sein Messer hatte, war mir bekannt, ganz langsam, wie in einer Zeitlupe, winkelte er seine Arme an. Ich sagte zu ihm: „Tue es ruhig, du wirst gleich in Haifischfutter umgewandelt!"

Er war ein Profi, seine Hände hingen jetzt gespreizt vom Körper weg. Der Sareng war klug in dieser Situation, er wusste genau, gegen eine automatische Schnellfeuerpistole konnte er nichts ausrichten. Als ich um 12.00 Uhr meine Wache beendet hatte und ich mich zum Mittagstisch duschen und umziehen wollte, lagen meine 23 Dollar und mein goldenes Feuerzeug hinter meiner Kammertür. Ich hatte ihm das ohne Zeugen gesagt, nicht weil ich Angst hatte, er sollte vor seinen Leuten nicht sein „Gesicht" verlieren, sonst wäre er auf jedem Fall mit seinem Messer auf mich losgegangen und ich hätte ihn erschossen.

Im Atlantik bekamen wir schlechtes Wetter, sehr schlechtes sogar, eigentlich nicht ungewöhnlich, aber wir sind in einen Ausläufer eines Hurrikans geraten. Trotz ständiger neuster Wetterinformationen, war die Schiffsführung über diese Heftigkeit etwas überrascht. Unglaubliche Brecher und Wellenberge von über 20 Meter Höhe überrollten das Schiff, es war öfters sogar etwas kritisch, milde ausgedrückt. Die Trautenfels war kurz davor, in Seenot zu geraten! Die Hindus als Matrosen waren gute Seeleute, alle Anweisungen vom 1. Offizier wurden genau befolgt. Dagegen hatte sich der Sareng mit seiner Mannschaft „verselbstständigt". Sie machten ohne Order die Rettungsboote klar. Da sie keine Fachkenntnisse besaßen, richteten sie noch unnötige Schäden an, einer von den Pakistanis wollte doch tatsächlich noch eine Nähmaschine mit in das Rettungsboot nehmen! Nur mit kompromissloser Härte konnten sie gestoppt werden. Sie hätten die Boote bei der Wasserung verloren, die wären an der Bordwand der Trautenfels zerschellt und gekentert. Unsinkbare Rettungsinseln gab es damals bei der Handelsmarine noch nicht. Wir konnten uns ja nicht von solchen Dilettanten die Rettungsboote klauen lassen, gestorben wird, wenn es damals so sein sollte, nur gemeinsam.

Vor New York machte der Sareng mit seinen Leuten sein Meisterstück; sie klauten dem labilen Kapitän die Schiffskasse mit 36.000 Dollar. Wir standen an Deck, der Chief mit seinen Ingenieuren, ich war gerade dazugekommen, um dem 2. Ingenieur die Maschinenkladde zu bringen. Alle sprachen über diesen unverfrorenen Diebstahl der Schiffskasse, ich bemerkte bei einigen Schadenfreude! Der Kapitän stand mit dem 1. Offizier etwas abseits, das Schiff lag am Anker und man wartete auf die Polizei. Ich sagte laut zum 2. Ingenieur: „Man muss besser auf sein Zeug aufpassen, im Schwimmbecken des Weltgeschehens werden immer nur die Schwächlinge gerupft!" Der Alte hatte die Worte gehört und auch verstanden, so wie die anderen auch. Vor so einem Kapitän hatte ich keinen Respekt.

Der Sareng wurde mit seinen Leuten auf Reedereikosten abgelöst und auf eine „schwarze Liste" gesetzt; er wird sich wundern, warum ihn keiner mehr auf einem Schiff beschäftigen will! Der Kapitän wurde auch diskret ausgetauscht, er ging in eine Nasenbleiche, in dieser Anstalt werden unverbesserliche Trinker auf ein niedrigeres Alkoholniveau gebracht. Die 36.000 Dollar der Schiffskasse blieben verschwunden und wurden als Verlust verbucht!

Der Sareng von Karatschi

Eine Schlappe für die australische Zollschule

Am 30.06.1966 wechselte ich die Reederei. Es waren ökonomische Gründe; meine Fahrzeit als Ingenieur-Assistent hatte ich weit überschritten und die Aufnahmeprüfung an der Seefahrtschule mit gut auch bestanden, aber die Wartezeit an den total überfüllten Seefahrtschulen betrug 5 Jahre!

Ich ging von der Hansa Bremen zum Norddeutschen Lloyd Bremen, um richtig Geld zu verdienen, obwohl meine jetzige Heuer angemessen war. Der Maschineninspektor, ein drahtiger, ca. 50 Jahre alter C-6 Mann und ehemaliger Chief-Ingenieur, musterte mich, er blätterte mein Seefahrtbuch durch und ging mit diesem Dokument in das Nebenbüro. Die Tür stand halb offen, er telefonierte mit dem Inspektor der Hansa Reederei. Mein Seefahrtbuch blätterte er laufend durch, den Telefonhörer zwischen Ohr und Schulter eingeklemmt; er war am Reden, gestenreich wie ein Südländer. Ich hörte aber nur Wortfetzen. Hätte ich damals gewusst, dass es vier Anwärter auf diesen Posten gab, manche schon zwei Jahre warteten, ich hätte das Büro nicht betreten. Endlich kam er aus dem Nebenraum zurück, er sagte: „Sie sind bei uns eingestellt, wann sind sie verfügbar?" Ich erwiderte: „Morgen 08.00 Uhr." „O. k., in drei Tagen kommt die Reifenstein von Australien zurück, jetzt zu ihrer Heuer. Es ist üblich, dass es in dieser Position an Bord immer nach zwei Jahren eine höhere Gehaltsstufe gibt, bis 12 Jahre erreicht sind bei uns, das wäre dann ihre Endheuer. Sie aber bekommen von uns gleich die Höchstheuer, wie nach 12 Dienstjahren bei uns!"

Er hatte in meinem Seefahrtbuch gelesen, dass ich auf der Trautenfels als Ingenieur-Oberassistent gefahren bin und vom Hansa-Inspektor die Information bekam, dass ich die Heuer eines 4. Ingenieurs bekommen hatte.

„Noch irgendwelche Fragen?" „Nein", war meine Antwort. Der Maschinen Inspektor wusste genau, wen er da gerade einstellte.

Die Inspektoren beider großen Reedereien, von der Hansa und vom Lloyd, kannten sich sehr gut, keiner belog den anderen. Ich war mir absolut sicher, meine umfangreiche Personalakte landet hier auf diesem Schreibtisch, beim Inspektor vom Norddeutschen Lloyd, Bremen!

Auf der Reifenstein machte ich zwei Reisen nach Australien und eine nach Ostasien. Ich hatte einen neuen Posten und ging keine Seewache mehr, nur noch Tagesdienst. Ich war an Bord Storekeeper im Maschinenraum, praktisch dieselbe Position wie ein Bootsmann an Deck, aber im Maschinenraum. Mir waren alle Motorenwärter, Kühlmaschinenwärter und Reiniger unterstellt, ich war für die Reparaturarbeiten auf dem ganzen Schiff zuständig, vorausgesetzt sie waren mit Bordmitteln zu machen. Mein Vorgesetzter war nur der 2. Ingenieur, alle Arbeitsanweisungen und Order kamen von ihm und keinem anderen!

Als ich am 19. Juli 1966 um 08.00 Uhr meinen Dienst auf der Reifenstein antrat, hatte ich gut gefrühstückt. Es ist bis heute meine wichtigste Mahlzeit geblieben, eine kleine Umstellung gab es, ich nahm meine Mahlzeiten nicht mehr in der Offiziersmesse wie bei der Hansa ein, sondern in der Mannschaftsmesse. Ich saß mit an der Back beim Bootsmann, etwas abseits von den Anderen, es ist einfach alte Tradition!

Wie ein Lauffeuer verbreitete sich die Nachricht, ein Hansa-Fahrer ist an Bord, man wollte es gar nicht glauben. Was damals für mich unbekannt war, der Lloyd hatte bis dahin niemals Hansa-Fahrer eingestellt. Jetzt wusste ich auch, warum alle auf der Trautenfels lachten, als ich mal erwähnte, zum Lloyd gehen zu wollen. Ich wurde sehr kritisch beobachtet, daraufhin sagte ich am Frühstückstisch: „Ich habe mich umgestellt, ich kann jetzt mit Messer und Gabel essen, vorher habe ich mit einem Holzlöffel aus dem Stiefelschaft gefressen, eigentlich sehr praktisch, ich benutzte ihn auch als Schuhanzieher!"

Alle grinsten, das Eis war aufgetaut, jedenfalls bei den Matrosen und dem Bootsmann. Der Inspektor vom Norddeutschen Lloyd hatte mit einem Tabu gebrochen. Er hatte einen Storekeeper nicht aus dem eigenen Stall genommen und befördert, sondern ausgerechnet einen von der Hansa. Für die Maschinenbesatzung war das ein unglaublicher Vorgang! Zu allem Frust noch einen, der gerade mal 26 Jahre alt war. Diese Posten auf „ihrer" Flotte bekamen nur Mitarbeiter mit über 40 Jahren. Man war dabei, alte Zöpfe abzuschneiden, bei den Mitarbeitern war das aber noch nicht angekommen, sie sollten es aber bald merken!

Als ich um 08.00 Uhr vom 2. Ingenieur kam und den Maschinenraum der Reifenstein betrat und im Zwischendeck die Werkstatt aufsuchte, um den Tagesdienst zur Arbeit einzuteilen, saßen alle meine zukünftigen Mitarbeiter, die mir direkt unterstellt waren, schon auf den Werkbänken und erwarteten mich. Ich war ja schon seit 06.00 Uhr an Bord, ich hatte meine Sachen in der Kammer eingeräumt und vor allem noch vor dem Frühstück einen Inspektionsgang durch den Maschinenraum gemacht. Meinem Vorgesetzten habe ich den Heuerschein übergeben und seine Arbeitsanweisungen übernommen. Es wurden noch im Tagesprogramm einige wichtige Schwerpunkte fixiert, danach stellte ich mich bei meinen Mitarbeitern vor. Es waren vier Motorenwärter, vier Reiniger und ein Kühlmaschinenwärter, der sogenannte Eisbär. Alle waren gut qualifizierte Fachleute mit einer abgeschlossenen Ausbildung in verschiedenen Metallberufen. Ich erklärte den Tagesablauf und verteilte die Arbeiten, die ich mit meinem Vorgesetzten, dem 2. Ingenieur, abgesprochen hatte. Keiner machte den geringsten Versuch, sich zu erheben und die Arbeitsanweisungen durchzuführen. Ich fragte freundlich: „Habt ihr Probleme?" Keiner meiner Mitarbeiter war unter 30 Jahre alt, es passte ihnen nicht, dass ich ihr Vorgesetzter sein sollte!

Ein Motorenwärter, der sah aus wie ein irischer Preisboxer, rothaarig und eine platte Nase, er wollte es genau wissen. Er sagte zu mir: „Bei uns gehen die Uhren anders als bei der Hansa und grinste unverschämt dabei." Ich hatte das verstanden, nahm zwei paar Lederhandschuhe aus dem Store und sprach zu ihm: „Gehen wir im Wellentunnel die Uhren stellen!"

Ganz achtern im Maschinenraum ist der Wellentunnel. Am Ende dort war Platz, ein offener Raum für Arbeiten um die Stopfbuchsen zu verpacken oder Wellenlager zu wechseln, große Zahnräder waren da gelagert und andere Reserveteile. Jedenfalls war das genau der richtige Ort für unser Vorhaben. Die Reifenstein war ein Dreischraubenschiff, es gab nur drei von ihnen auf der Welt als Handelsschiffe, alle drei besaß der Norddeutsche Lloyd, Bremen. Es war die Reifenstein, die Rothenstein und die Ravenstein, diese Schiffe waren vor dem 2. Weltkrieg in Antwerpen vom Lloyd Bremen als Ostasien-Schnellfrachter bestellt und auch schon bezahlt worden. Bei Kriegsausbruch wurden sie alle drei im Hafen am Ausrüstungskai der belgischen Werft geflutet und auf Grund gesetzt. Nach dem von Deutschland verursachten und verlorenen Krieg hob man die Schiffe wieder, der Lloyd musste sie nochmal für 15 Millionen DM kaufen. Es waren besonders stabile Schiffe, alle Platten und Spanten waren noch vierfach genietet, die Schiffsplatten waren 22 mm stark und bester Stahl. (Heute sind diese Platten 8 mm dick und geschweißt.) Kein Reeder leistet sich heute noch so einen Luxus, eine unglaubliche Sicherheit, es waren Schiffe für die „Ewigkeit", wie Seeleute zu solchen Schiffen sagen.

Schumann, so hieß der Motorenwärter, er ging los und ich hinterher, alle anderen blieben sitzen und feixten! Er stand mir gegenüber und hatte, wie ich, seine Lederhandschuhe an. Eine gerade Rechte von mir in seinen Solarplexus, mit aller Wucht geführt, Schumann hatte einen Schlagabtausch wie bei einem Boxkampf erwartet, er ist auf die Knie gefallen und konnte nicht mehr richtig atmen. Ich sagte zu ihm: „Machen wir Schluss, das reicht, er schüttelte seinen Kopf, er war ein störrischer Brocken, voller Stolz." Da schlug ich nochmal hart zu, sehr hart sogar, seitlich an sein ungeschütztes Kinn!

Er ist umgefallen und war sofort bewusstlos. (Heute nach 46 Jahren wäre so ein Verhalten undenkbar, die Zeiten haben sich rasant geändert). Ich sagte in der Werkstatt Bescheid. Holt ihn dort weg, er soll nicht auf den Flurplatten liegen, er bekommt einen freien Tag, das handele ich mit dem 2. Ingenieur aus. Ich fragte höflich: „Möchte noch jemand mit mir die Uhr stellen?" Alle schwiegen und machten ihre angewiesene Arbeit. Mit Schumann habe ich am Abend auf meiner Kammer noch ein paar Flaschen Bier getrunken, er wurde ein guter und zuverlässiger Mitarbeiter, aber ich glaube, das war er vorher auch schon, über diesen kleinen Vorfall wurde nicht mehr gesprochen!

Keiner Drecksarbeit auf dem Schiff ging ich aus dem Weg, oder delegierte sie an meine Mitarbeiter. Ich arbeitete voll mit, so etwas kannten sie von einem Vorgesetzten nicht. Durch Arbeit und fachliche Leistung habe ich mir Respekt verschafft. Den ersten großen Ärger mit meinem Vorgesetzten hatte ich schon nach acht Tagen gehabt. Meinen Leuten in der Werkstatt und dem Maschinenraum wurden einfach Arbeitsstunden, die gemacht wurden, gestrichen! Es gab einen Eklat ohnegleichen, ich räumte mit dem Märchen auf, das Büro in Bremerhaven streiche die Stunden. Ich passte auf diesem Schiff noch nicht in die Personalstruktur! Aber die Arbeitsleistung und die Qualität der Arbeit stiegen enorm, das musste auch der Chief-Ingenieur und vor allem unser „Arbeitsminister", der 2. Ingenieur, neidlos anerkennen.

Ich hatte in meiner 12-jährigen Fahrzeit bei der Handelsmarine, immer wieder mit dem Zoll zu tun gehabt, manchmal sogar finanziell sehr schmerzhaft für mich. Das hier ist eine ganz besondere Geschichte, an die ich mich gerne erinnere:

Silvester 1966 lagen wir auf Reede vor Melbourne, die Lichter der Stadt waren gut sichtbar, das Feuerwerk um 00.00 Uhr auch. Alle an Bord feierten in das neue Jahr rein. Morgens um 09.00 Uhr kam der Lotse an Bord der Reifenstein. Bestimmt hatte er auch ein wenig gefeiert. Als das Schiff an der Pier festgemacht hatte, da kam der Zoll an Bord, was für ein Aufmarsch am Neujahrstag!

Ich habe 11 Beamte gezählt, sie glaubten doch tatsächlich, „der frühe Vogel fängt den Wurm!" Es waren Kadetten einer australischen Zollschule, der Leiter dieser forschen Truppe war ein ehemaliger deutscher Schiffsingenieur und Zollbeamter aus Hamburg gewesen, sowie ein Taucher der Australischen Marine. Das alles wusste ich zu diesem Zeitpunkt noch nicht, jetzt war er Ausbilder in einer australischen Zollschule!

Aus den Schiffspapieren wusste der Zoll, wir kamen ohne Zwischenstopp direkt aus Bremen. Auf deutschen Schiffen wurde man immer fündig, sie kannten genau unsere Mentalität. Australien hatte die höchsten Zollstrafen, sie fanden immer den Alkoholvorrat der durstigen Seeleute. Ich habe deshalb von ihnen eine Woche vorher, den harten Alkohol eingesammelt und zentral im Maschinenraum versteckt. Bier wurde täglich nur 3 Flaschen pro Mann vom Zoll freigegeben, sie haben die Flaschen sogar geöffnet, damit man nichts an Hafenarbeiter, die deutsches Bier schätzten, verkaufen konnte. So eine Schikane gab es noch nicht mal bei den Moslems im Orient! Harte Getränke gab es überhaupt nicht, alles wurde vom Zoll versiegelt.

An Land gab es damals nur in speziellen Lokalen bis 22.00 Uhr Alkohol, meistens aber nur Bier, das uns überhaupt nicht schmeckte. Am Sonntag war totale Ebbe. Diese puritanischen Behörden hatten strenge Regeln, wehe dem armen Seemann, egal welcher Nation auch immer, der in deren „Räderwerk" kam!

Einmal war ich mit dem Bootsmann in Adelaide am Sonntag in einem Kaffeehaus. Der liberale Kellner identifizierte uns sofort als deutsche Seeleute. Wir beide bekamen Whisky in Kaffeetassen serviert, hätte jemand das pharisäische Verhalten bemerkt, es hätte für alle riesigen Ärger gegeben!

Hier an Bord habe ich mich selber geprüft, was haste eigentlich drauf? Ich war inzwischen auch ein Profi, geht das schief, musste ich ein halbes Jahr umsonst arbeiten. Unser Maschinenraum war sehr sauber, alles war geputzt und gestrichen. Jeder Tank hatte einen ovalen Mannlochdeckel, das war früher ein beliebtes und schwachsinniges Versteck gewesen. Der Zoll hatte immer alles gefunden. Ich musste vollkommen neue Wege gehen und ich tat das auch! Aber für unseren „lieben" Zoll habe ich einige Hürden aufgebaut, ich konnte es einfach nicht lassen! Dazu benutzte ich den schmutzigsten Tank, es war der Sammeltank vom Altöl, der Bilgen-Wasser- Entöler. Die Muttern M 24 vom Mannlochdeckel, da habe ich die Farbe abgemacht, einfach einen Ringschlüssel aufgeklopft und die Muttern bewegt, danach sie wieder festgezogen. Optisch sah es aus, als wäre der ovale Mannlochdeckel ab gewesen. Alles war da voller Schmutz und Altöl, keine lustige Kombination, man musste in die Bilge runter und schmierte sich tüchtig ein, ich auch bei dieser Arbeit. Ich wollte sie beschäftigen, sie sollten sich auch richtig einsauen, vom Schmutz und vom Altöl. Ich stand in der Werkstatt und erwartete den Zoll, da kam aufgeregt ein Leichtmatrose von Deck oben, in der Hand eine Flasche Kirsch-Whisky, ob ich die noch schnell verstecken könnte? Das ging aber nicht mehr, der Zoll war schon im Maschinenraum unten. Ich nahm die Flasche und wickelte einen Streifen Schmirgelleinwand um diese Buddel und steckte sie mit dem Hals zuerst in das Dreibackenfutter der Drehbank, ich schob sie weit rein, ca. 8 cm schauten noch von der Flasche raus. Ganz vorsichtig spannte ich sie fest, sie durfte ja nicht platzen. Der Zoll kam schon in die Werkstatt rein, ich begrüßte sie freundlich und stellte die Drehbank an. Mit 900 U/Minute drehte sich die Kirsch-Whisky Flasche, keiner konnte mehr sehen, was in der Drehbank eingespannt war und sich so schnell drehte! Mit Kreide und der Rückseite eines Streifens Schmirgelleinen polierte ich nun ein „Werkstück"! Ich ließ mich vom Zoll nicht ablenken, jeder machte seine Arbeit, wir waren alle Spezialisten, jeder auf seinem Gebiet. Sie fanden nichts, ich hatte auch in der Werkstatt nichts versteckt, den Kirsch-Whisky einmal ausgeklammert. Der Chef der Zollkadetten schaute noch eine Weile auf meine Präzisionsarbeit, er war fasziniert von so einer „Polierkunst"!

Die Zollschüler standen jetzt vor dem Bilgen-Wasser-Entöler und bemerkten, dass die Muttern auf dem Mannlochdeckel frisch bewegt waren, plötzlich waren alle hellwach, sie riefen nach dem Vorgesetzten!

Mit Eifer hoben die Zollschüler die Flurplatten hoch, sie hatten schon mehr als die Hälfte der Muttern vom Mannlochdeckel abgeschraubt und sich tüchtig eingesaut, da unterbrach ihr Chef die Arbeit seiner Zollschüler. Bei einer Schraube war noch Farbe im Gewinde, diese Mutter auf der Schraube war also nicht ab gewesen, demnach konnte auch der Mannlochdeckel nicht vom Tank gewesen sein. Er war ein guter Beamter, den Schwindel hatte er durchschaut, auch deren Sinn verstanden. Ich habe ihnen spöttisch hinterher geschaut, als sie den Maschinenraum der Reifenstein verließen, auch das hatte der Boss der Kadetten bemerkt. Jetzt machte der Leichtmatrose einen großen Fehler, er wollte seine Flasche Kirsch-Whisky zurückhaben, ich sagte zu ihm: „Der Zoll kommt mit Spezialisten zurück." Er glaubte es nicht. Aber meine Prognose war richtig!

Nach einer halben Stunde waren sie wieder im Maschinenraum, verstärkt durch drei ältere Beamte, sie waren jetzt eine Gang von 14 „suchenden" Schnüfflern, es hat sie mächtig gewurmt, dass sie nichts gefunden haben. Der Leichtmatrose ist mit seiner Kirsch-Whisky Flasche direkt in die Arme des Zolls gelaufen. Von diesem „Erfolg" angespornt, wollten sie im Maschinenraum der Reifenstein die Konterbande finden. Sie haben sehr genau gesucht und alles überprüft, blind gesetzte Rohrleitungen ausgespiegelt und verfolgt, ob Abzweigungen nachträglich anmontiert wurden, sie haben nichts ausgelassen und trotzdem nichts gefunden!

Mein Grinsen im Gesicht musste auf den Zollausbilder so gewirkt haben, wie das Grinsen von Hardy, dem Partner von Oliver in dem Filmklassiker „Dick und Doof"! Der Chef der Zolltruppe, der ehemalige deutsche Schiffsingenieur, nahm sogar selber alle Feuerlöscher unter die „Lupe", es waren 20 Stück im ganzen Maschinenraum, in jeder Halterung hingen zwei Löscher. Ein Pulverlöscher mit Druckluft, der andere war ein Zweikomponenten-Schaumlöscher mit einem Glaseinsatz. Oben die Einfüllöffnung war mit einem großen Schraubdeckel verschlossen und mit einem besonderen Plombendraht gesichert und mit einer speziellen Siegelplombe der Seeberufsgenossenschaft aus Hamburg versehen. Er prüfte sie akribisch genau, vor allem weil er sie aus Deutschland her genau kannte. Mit dieser Behörde war er besonders gut vertraut, durch jahrelange gemeinsame Arbeit. Diese Plomben waren alle absolut echt, das hatte er sofort festgestellt, er war ja auch ein Spezialist in Bezug auf Plomben. Ja, diese Plomben waren alle echt! Aber nicht von der deutschen Seeberufsgenossenschaft angebracht, sondern von mir! Ich besaß auch eine Plombenzange, dazu den richtigen Plombendraht und natürlich die korrekten Siegelplomben. Das alles hatte ich mal auf einem Lehrgang für Sicherheitsbeauftragte bekommen, wo mich die Hansa Reederei hingeschickt hatte. Ich hatte es einfach vergessen, diese Sachen wieder abzugeben. Die Seeberufsgenossenschaft wird mir das hoffentlich verzeihen!

In den versiegelten Schaumlöschern ruhten unsere kostbaren „geistigen Getränke"!

Einige der Schaumlöscher waren aus Sicherheit noch voll funktionsfähig, ich wusste natürlich, welche es waren. Die Einsätze von meinen „zweckentfremdeten" Schaumlöschern lagen in den Schränken im Store und in Originalkartons verpackt, als Reserve getarnt. Auch ich konnte akribisch meine Arbeit machen!

Ein wunderbares Gefühl und eine tiefe Zufriedenheit war das für mich, in die ratlosen Gesichter der Zollbeamten zu sehen. Er, der Leiter dieser erfolglosen Zolltruppe, stand vor dem gesuchten Zollgut, aber seine Gedanken waren weit weg. Natürlich wusste er ganz genau, hier im Maschinenraum der Reifenstein war etwas. Dieser Beamte hatte ja so recht, aber seine Vorstellungskraft reichte einfach nicht aus, es zu finden! Naja, Feuerlöscher und „Feuerwasser" sind sehr ähnliche Wörter, zumindest im Sinn bei einigen Seeleuten; so einen Humor kannte der Beamte nicht. Hätte er mich besser gekannt, womöglich wäre das Versteck von ihm gefunden worden, zutrauen würde ich es ihm.

Nach weiteren zwei Stunden Erfolglosigkeit gaben sie frustriert auf. Eine sehr magere Ausbeute von einer Kirsch-Whisky Flasche hatte der Zoll zu verbuchen, der Leichtmatrose bekam wegen seiner arroganten Dummheit zurecht als Einziger eine saftige Zollstrafe. Ich habe nie gesagt, wo ich unsere edlen Tropfen versteckt hatte, später habe ich auch keine Sammelbestellungen mehr angenommen und versteckt. Ich dachte, die Begegnung mit dem Zoll wäre für mich abgeschlossen, aber meistens kommt es anders im Leben, als man denkt!

Am nächsten Tag besserte ein Matrose achtern an der Bordwand der Reifenstein eine Roststelle aus, er ist dabei vom hängenden Bootsmannsstuhl gefallen, mit dem Hinterkopf auf die Kante der

Pier aufgeschlagen und zwischen Schiff und Kaimauer im Wasser versunken! Genau gegenüber vom Schiff stand ein kleines Zollbüro. Der Chef der Zollschule, der zufällig dort war und aus dem Fenster schaute, wurde so Zeuge dieses Unfalls! Er rannte sofort über die Pier zum Schiff, im Laufen zog er seine Uniformjacke aus und ließ sie mit seiner Mütze zusammen fallen. Kopfüber sprang er in das Hafenbecken, genau an der Stelle, wo der Matrose versunken war. Als ehemaliger Marinetaucher war er natürlich ein Profi. Den verunglückten Seemann fand er sofort auf Anhieb, der lag auf dem Grund in 8-9 Meter Wassertiefe. Der Zollbeamte tauchte mit dem bewusstlosen Matrosen auf und viele Helfer streckten ihre Hände aus. Der Matrose wurde auf die Pier gezogen und es wurde sofort erste Hilfe geleistet. Der Notarzt war schnell da, eine Wiederbelebung hatte Erfolg! Der Gerettete kam aber vorsorglich in das Hafenkrankenhaus, nach einigen Tagen war er wieder fit an Bord. Man sagte ihm, er habe Glück gehabt, dass er bewusstlos in das Hafenbecken gefallen sei, dadurch sei kein Wasser in der Lunge gewesen. Ich habe jetzt etwas getan, das hätte eigentlich der Bootsmann machen müssen, er hatte es einfach in der Aufregung vergessen, sich bei dem Zollbeamten zu bedanken. Es war ja einer seiner Männer, der den Unfall hatte. Ich ging rüber zu dem Zolltaucher, er war frisch geduscht und hatte eine neue Uniform an. Es war der Chef der Zollschüler, der mir in der Schiffswerkstatt so intensiv auf die Finger schaute, wie ich das vermeintliche „Werkstück" auf der Drehbank so genial polierte!

Ich bedankte mich im Namen der Besatzung für die großartige Rettung des Matrosen, der Zollbeamte hatte ja auch sein eigenes Leben riskiert.

Der Beamte zog die Whisky-Flasche, einen 20 Jahre alten Chivas-Regal, aus der Papiertüte, die ich ihm reichte. Er sah mich hart an, seine Augen funkelten richtig böse. Ich erwiderte ganz ruhig und gelassen seinen strengen Blick. Seine Backenmuskeln spannten sich, nach seinen Vorstellungen konnte ich gar keinen Whisky besitzen, die Zollschüler und er selber hatten das ganze Schiff zweimal abgesucht und nichts gefunden! Jetzt fand er seine Vermutung bestätigt, dass ich ein heimliches, verbotenes Alkoholdepot im Maschinenraum der Reifenstein für alle angelegt habe. Seine strengen Gesichtszüge entspannten sich langsam. Geräuschvoll wie bei einem Tauchlehrgang seiner Schüler atmete er seine Luft aus, als wäre sie angehalten worden. Ich sah plötzlich einen Moment Bewunderung in seinem Gesicht, ehe sein Gesichtsausdruck wieder ruhig und gelassen wirkte. Ich merkte plötzlich, dieser Mann verstand mich. Ich würdigte mit meinen bescheidenen Mitteln seine großartige Leistung, setzte mich der Gefahr aus, eine empfindliche Zollstrafe zu riskieren, stellte seine Leistung weit höher, als meine Kunst etwas zu verstecken, das er zusammen mit der ganzen Zollschule nicht finden konnte.

Der Beamte war beeindruckt von meinem Verhalten, jetzt gab er mir seine Hand und überraschte mich sehr. Er bedankte sich auf Deutsch, jetzt erst wusste ich, dass er ein Deutscher war. Wir plauderten noch eine Weile über seine Vergangenheit in Hamburg. Jetzt überraschte ich ihn: „Sie haben gestern früh meine Arbeit an der Drehbank bewundert, wissen sie, was ich da gemacht habe?" „Nein", war seine verwunderte Antwort. „Ich habe da die Kirsch-Whisky Flasche im allerletzten Moment vor ihnen versteckt, die sie dem blöden Leichtmatrosen abgenommen haben." „Alle Achtung", war seine überraschende Antwort, er lachte und schüttelte immer wieder seinen Kopf. „Die meisten Seeleute haben ein schlechtes Gewissen vor dem Zoll, Sie nicht!" „Ich habe sie gleich richtig eingeschätzt gestern Morgen, als sie unsere Arbeit so spöttisch beobachteten. Wir hatten beide voreinander Respekt und werden uns immer daran erinnern." Ich sagte zu ihm: „Im letzten australischen Hafen werde ich ein Päckchen für sie abschicken, darin werden sie den Grund ihrer Erfolglosigkeit finden. Es soll ein Lehrstück für ihre Zollschüler werden. Verstehen sie es als Dank von mir für ihre wunderbare Rettungsaktion im Hafenbecken. Verstehen sie es aber nicht als Überheblichkeit, dazu gibt es wahrlich keinen Grund!" In dem Päckchen waren die Plombenzange, der Spezialdraht und die Siegelplomben von der Deutschen Seeberufsgenossenschaft aus Hamburg. Ein halbes Jahr später bekam ich von der Reederei aus Bremen eine Postkarte nachgeschickt, sie war vom Chef der Zollschule aus Melbourne. Er bedankte sich für das Päckchen und wünschte mir alles Gute und den Erhalt meiner Pfiffigkeit! Der Matrose, der so großartig gerettet wurde, er ist 9 Monate später in New York beim Löschen von Stückgut in den Laderaum gefallen, er war sofort tot. Es gibt eine höhere Instanz, die ihn abberufen hat, die Zeit dafür war gekommen!

Die fristlose Entlassung auf See

Mit der zweiten Reise der Reifenstein, die wieder nach Australien ging, bin ich im Hafen von Sydney fast ums Leben gekommen, durch die Schuld des Elektrikers, eines arroganten Nichtskönners und uniformgeilen, abartigen Spinners!
Unsere elektrische Anlage auf der Reifenstein war eine Gleichstromanlage. So etwas gibt es heute im Schiffbau nicht mehr, die E-Motoren auf den Kreiselpumpen hatten die Größe von halben Kleinwagen.
Der Elektriker war fast immer unter „Dampf". Er lebte in einer Traumwelt, es war ein ständiges Ärgernis, dass er auch während der Arbeitszeit die Finger nicht vom Alkohol lassen konnte. Er hatte immer eine selbstgedrehte Zigarette in seinem Mundwinkel. Heute würde man das Zeug, das er paffte, unter Drogen einstufen! Wir lagen an einem australischen Feiertag in Sydney im Hafen, in Sichtnähe der weltberühmten Oper. Die komplette Inneneinrichtung dieses Hauses hatten wir in Bremen als Ladung an Bord bekommen. Alle Arbeiten im Hafen ruhten an diesem Tag. An Bord bei uns lief nur ein Hilfsdiesel zur Stromerzeugung für den Eigenbedarf. Der Elektriker schaltete einen zweiten Dieselmotor mit Generator dazu. Warum er das tat, konnte er später nicht plausibel erklären, der Ladebetrieb an Deck ruhte ja. Er verließ den Maschinenraum. Plötzlich hatte sich der Backbord-Generator umgepolt, er zog jetzt den Dieselmotor, der immer schneller wurde und am Ende explodierte! Der wachhabende Ingenieur-Assistent war zum Mittagessen gegangen, ich vertrat ihn kurzzeitig. Sofort schaltete ich beide Generatoren an der Hauptschalttafel aus, im letzten Moment kann man sagen! Das Schiff war zwar ohne Strom, aber der Diesel wurde nicht zerstört. Der Grund war zu wenig Stromabnahme, der Ladebetrieb ruhte ja. Der 2. Ingenieur, der Chief-Ingenieur und der Elektriker sowie einige Ingenieur-Assistenten kamen in den Maschinenraum runter; alle

saßen vorher in der Offiziersmesse am Mittagstisch. Der Hilfsdiesel wurde neu gestartet und der Generator sollte umgepolt werden. Der Elektriker war betrunken und in einer Art Trance, man hätte ihm den Zugang in den Maschinenraum verbieten müssen! Der aber lachte ständig ohne Motiv vor sich hin und kicherte albern. Er hatte wie Gaddafi eine Fantasieuniform an, mit riesigen Achselklappen wie der ehemalige Marschall Grigorij Schukow von der Roten Armee. Der Chief hatte ihn öfters ermahnt, wir sind hier nicht im Karneval. Es war völlig zwecklos, der Elektriker hatte einfach eine dicke Macke! Ich hielt es für gefährlich, diesen abnormalen Trinker zu tolerieren, ich sagte mal zu ihm: „Machst du Ärger bei mir in der Werkstatt oder im Store, ich rupfe dich wie eine Weihnachtsgans!"

Für so eine Umpolung eines Generators reichte eine normale Batterie einer Taschenlampe aus (Induktionsstrom), aber es wurde mit einem 220 V-Kabel gemacht! Der Chief und sein besoffener „Operettenkasper" gaben mir gleichzeitig dieselbe Fehlentscheidung, über Kreuz auf dem riesigen Klemmbrett oben auf dem Generator zwei bestimmte Pole mit dem 220 V-Kabel zu berühren. Der 2. Ingenieur wollte das noch im letzten Moment stoppen. Zu spät! Es gab eine Explosion mit einem Lichtbogen, wie bei einem Blitzeinschlag. Die Stromschienen vom Klemmbrett des Generators waren zu einem Drittel einfach weg. Einige der 16 cm dicken Muttern waren zur Hälfte weggeschmolzen. Ich flog vom Generator 4 Meter weit und landete an einer Triebwerksklappe der Hauptmaschine, minutenlang konnte ich nicht richtig atmen, meine linke Hand, mit der ich mich an der Törnstange vom Hilfsdiesel festgehalten hatte, war mit dem Unterarm stark verbrannt. Meine Brust schmerzte, als hätte sie jemand mit einem Hammer bearbeitet! Alles war wieder dunkel im Maschinenraum, bleak out, wie wir es nennen, ich schrie: „Mein Arm ist ab!" Ich hatte tatsächlich das Gefühl vom Schulterblatt an ist alles weg! Meine Herzfrequenz schien sich zu überschlagen, ich spürte einen gigantischen Blutdruck, ich glaubte, das

Gesicht muss mir gleich platzen. Der Chief-Ingenieur, der dieses Desaster mit verursacht hatte, sagte später trocken zu mir: „Normalerweise hättest du tot sein müssen, aber den elektrischen Stuhl sollen ja auch schon welche beim ersten Stromstoß überlebt haben, erst beim Nachschlag war Schluss!"

Ich mochte seinen Humor! Nur weil ich eine bärenstarke Kondition hatte, ist alles noch mal gut gegangen. Der Elektriker stand auch noch wegen einiger anderen Delikte ganz oben auf meiner „Sympathieliste". Aber das berühmte Fass sollte erst auf der 3. Reise mit der Reifenstein überlaufen. Nach den beiden

Reisen nach Australien machte ich noch eine Reise nach Ostasien, bei den Seeleuten ein beliebter Trip. Hongkong war natürlich der Traumhafen von jedem, ein unglaubliches Leben und Wirken in dieser Stadt. Man kann sich nicht vorstellen, dass sie einmal schläft. Jeder scheint hier zu arbeiten oder Geschäfte zu machen, selbst die ältesten Menschen zeigen enorme Aktivitäten, die Geschäfts- und Einkaufspassagen sind ein Erlebnis. Alle Frauen sind in Susi-Wong-Kleidern aus Seide und Brokat adrett und sauber angezogen. Die Mode scheint hier nicht an der Armut, die es auch zweifellos in Hongkong gibt, vorbeizugehen. Paris müsste eigentlich vor Neid total erblassen! Die Schaufenster von allen Geschäften scheinen überzuquellen, die Waren aus dem Orient und dem Okzident konkurrieren friedlich nebeneinander, alles mit wunderbaren Blumen und Pflanzen umgeben, sowie mit betörenden, exotischen Gerüchen. Rikschafahrer sind auf Kunden aus, man kann sich nicht sattsehen an all den Kostbarkeiten, die einem ohne Aufdringlichkeit angeboten werden!

Viele Menschen gehen am Abend essen, selbst kleine Kinder, die selber kaum laufen können, essen schon mit Stäbchen. Die Chinesen haben hier in Hongkong eine hohe Lebenskunst entwickelt, da träumen wir Europäer nur davon. Ich war schon überall in der Welt, aber Hongkong ist unerreicht, es ist eine Perle des Lebens, als englische Kronkolonie eine Oase der Freiheit und des Reichtums, aber auch eine Konzentration von Kreativität, die nur Menschen entwickeln, die nicht in Knechtschaft oder in Diktaturen leben müssen! Alle Menschen hier scheinen glücklich zu sein, überall und zu jeder Zeit sieht man euphorische und lebensbejahende Jugend, aber wo fängt die Jugendlichkeit an und wo hört sie auf?

Alles läuft fließend und übergangslos in dieser großartigen Stadt. Großfamilien, die in Deutschland leider nur selten zu sehen sind und dazu noch intakt, bilden in Hongkong das Rückgrat der Gesellschaft und aller Lebensaktivitäten, im Beruf und dem Handel. Ich bin kein naiver Tourist, sondern schaue auch auf die Nebengleise des täglichen Lebens. Opium und andere zerstörerische Laster, so wie die Kriminalität gibt es natürlich auch!

Aber das ist nun mal so, wo Sonne ist, da gibt es auch Schatten! Eine Frage bleibt doch immer die gleiche, wie gehe ich mit meiner Freiheit sinnvoll um? Man sollte niemals in der Mittelmäßigkeit stagnieren, sonst rutscht man wieder ab. In Hongkong ist die älteste Frau im Familien-Clan gleichzeitig das Familienoberhaupt, eine jahrtausendalte Tradition, die sich bewährt hat. Keine wichtige Entscheidung in der Familie wird ohne ihre Zustimmung gefällt. Von dieser Kultur sind wir Deutschen nicht nur meilenweit entfernt, wir werden sie auch niemals erreichen! Der Geruch dieser Stadt ist eine Mischung aus Blütenduft, Gewürzen und Autoabgasgestank. Man fragt sich immer wieder, wie so etwas zusammenpasst? Das schier unendliche Hupen der Luxuslimousinen, kleinen Autos und Lieferantenfahrzeuge ist eigenartiger Weise in diesem Hexenkessel nicht als Störung zu empfinden. Ihre Dreiklanghörner und ihre Hupen, die permanent im Einsatz sind, hören sich an wie die Generalprobe eines Schalmeienkonzerts. Dieses liebenswerte Chaos gehört zu einer unerklärlichen Ordnung, die niemand versteht, aber irgendwie reibungslos funktioniert. Jeder Besucher wird angesteckt, bald fühlt man sich dazugehörig. Alles zusammen ist wie eine riesengroße, erotische Fruchtblase, man muss mittendrin gewesen sein, um das zu begreifen. Künstler aller Gattungen und Schattierungen verstehen dieses potente Treiben von Hongkong am besten, ich bestimmt auch bald!

Ich war jahrelang mit einem Schneidermeister aus Kowloon, das ist ein Stadtteil von Hongkong, befreundet, bis er im hohen Alter von 86 Jahren starb. Er war der Vorsitzende der Schneiderinnung. Ich wurde oft von ihm eingeladen, natürlich besorgte ich auch Kunden für ihn, vom Schiff und vom Lloyd Bremen direkt. Ich habe nie irgendwelche Geschenke oder Vorteile angenommen, alle meine Sachen, die ich durch ihn erwarb, korrekt bezahlt, nur so gerät man nicht in eine verpflichtende Abhängigkeit und eine echte Freundschaft könnte sich nie entwickeln! Durch meine Beziehungen zu dem Schneidermeister Tompsen Lee, wurden mir Einblicke gewährt, die nur wenige Europäer besitzen, ich war geschockt und fasziniert zugleich!

Mich begeisterte nicht nur das gute und reichhaltige Essen in den Restaurants. Ich lief gerne durch Passagen, wo die Maler dieser Stadt ihre Bilder mit asiatischen Motiven malten, ich erwarb auch ein Bild von einem bekannten Künstler.

Leider ist das heutige Hongkong nur noch eine kommunistische Gleichschrittmetropole, ohne Seele und ideologische Freiheit! Die wenigen kontrollierten kleinen Freiheiten, die es laut Vertrag dort heute gibt, sind kein adäquater Ersatz für damalige Zeiten in der englischen Kronkolonie!

Der vorletzte Hafen unserer Heimreise war Manila auf den Philippinen. Mit einigen Bordkameraden besuchten wir dort das internationale Seemannsheim, ein Ort zum Wohlfühlen und Entspannen, ein riesiges Schwimmbad und eine große Bar im Freien, überdacht auf dicken Säulen stehend. Es ließ das Herz eines richtigen Seemanns höher schlagen. Es gab dort auch Schutz vor den üppigen Regengüssen, nicht nur in der Monsunzeit. Das dortige Restaurant war immer sehr gut besucht, es gab spezielle Fischgerichte auf höchstem Niveau, ich ging dort oft und gerne essen. Das ganze Umfeld stimmte, die Preise waren eher zu niedrig, wer und warum das subventioniert wurde, darüber machte ich mir damals keine Gedanken, warum auch? Ich hatte mir in Hongkong ein Paar wunderbare Kroko-Schuhe gekauft und wollte sie etwas einlaufen, sie waren passgenau, aber drückten doch etwas. Die Schuhe hatte ich ausgezogen und meine Füße auf den Fußholm der Bar gestellt, es war genau 22.12 Uhr, da wackelte und vibrierte alles, ein Erdbeben! Sofort ein totaler Stromausfall, ganz Manila war dunkel, nur der Mond und die Sterne leuchteten. Das Schwimmbecken lief leer, ein Geräusch als ziehe man den Stöpsel aus einer Badewanne, ein breiter, langer Riss im Pool, gut, dass keiner im Wasser des Beckens war. Alle wollten flüchten, aber wohin? Ohne Schuhe gehe ich von hier nicht weg! Mehr sagte ich nicht, alles wackelte, ich musste in dieser Situation an den Witz denken: „Lieber eine wacklige Theke als ein fester Arbeitsplatz!" Die Parkanlage glänzte im Mondlicht und sah friedlich aus, als ginge sie dieses Naturereignis nichts an. Alle rannten hektisch auf die Straße raus, warum eigentlich? Ich ertappte mich, dass meine Gedanken nicht dem Erdbeben galten, sondern der duftenden Pflanzenpracht der Parkanlage, einfach sitzen geblieben bin ich, da wo ich gerade war. Meine Schuhe habe ich gefunden und angezogen, sie drückten immer noch. Das Erdbeben war inzwischen zu Ende, eines war mir aufgefallen: Sekunden vor den Erdstößen haben die schlafenden Vögel der Parkanlage laut und aufgeregt geschrien. Aus meinem vollen Glas mit Gin-Tonic ist kein Tropfen übergeschwappt, ich habe meinen Drink geschickt festgehalten, aus meiner Sicht gesehen, eine positive Reaktion!

Das Epizentrum des Erdbebens lag 150 Seemeilen südlich von Manila, zwischen den 7000 Inseln, die es dort gibt. Wir trafen alle unverletzt an Bord ein. Es gab große Schäden in der Stadt, natürlich wie immer, die Ärmsten traf es am härtesten. Auch am Seemannsheim waren große Schäden, nur die Bar der Seeleute blieb wie ein Wunder unbeschädigt, ein Fels in der Brandung!

Nach 5 Tagen in Manila traten wir die Heimreise über Singapur an. Dort wollten wir unseren angefallenen Bundmetallschrott aus unserer Werkstatt wie immer verkaufen, mit dem Erlös wurde in Antwerpen mit der Maschinenbesatzung ein richtiges Fest gefeiert. Diesmal kam eine besonders große Menge zusammen. Der Chief hatte angeordnet, die Landanschlüsse für Strom auszubauen, es waren armdicke Kupferkabel von 2.500 kg. Der Elektriker, unser Operetten-Kasper, verkaufte alles heimlich! Meine Leute waren so böse darüber, sie wollten ihm den „heiligen Geist" verpassen. Ich war strikt dagegen und habe abgeraten. Meine Erfahrung mit einem geisteskranken Koch erzählte ich ihnen. Sie hörten auf mich und ich wurde fristlos entlassen! Vor dem Einlaufen in die Malakkastraße passierten wir auf Steuerbord die weltberühmte Leprainsel bei Shah-Alam. Es war der 26. Juli 1967 um 10.00 Uhr. Meine Mitarbeiter vom Tagesdienst hatten achtern den Raum von der Rudermaschine gestrichen, auch den Fußboden mit einer rotbraunen Spezialfarbe für Eisenböden. Im hinteren Bereich hatten wir zusätzlich noch einen Farben- und Putzlappen sowie einen Twist Store. Der Elektriker hatte mit seinem E-Assistenten an Deck einige Schaltkästen für die Winden der Ladebäume überholt und gereinigt. Er brauchte noch Putzlappen und Twist zum Reinigen. Statt sich diese Sachen aus dem Maschinenstore zu holen, wie es üblich war, holte der abartige Spinner die Sachen aus dem frisch gestrichenen Raum der Rudermaschine!

Er machte vorsätzlich einen unglaublichen Schweinkram in der frischen Farbe. Ich traf den Ignoranten an Deck und stellte ihn zur Rede. Rotzfrech und pampig wurde diese Giftkröte plötzlich. Eigentlich wollte ich ihm Manieren beibringen, aber der Weichling hat so jämmerlich geschrien, ich ekelte mich plötzlich vor ihm; zwei kräftige Ohrfeigen hat er trotzdem bekommen. Danach habe ich ihn von seiner Fantasie-Uniform befreit und dieses „Theaterkostüm" über die Kante geschmissen. Seine lila Unterwäsche habe ich nicht berührt, es war Aschermittwoch für den uniformgeilen Fetischisten!

Leider war der Kapitän Zeuge, er stand auf dem 2. Deck oben und hatte diese kleine Disziplinierung mitbekommen. Er hat das erbärmliche Geschrei dieser tauben Nuss falsch verstanden, oder er trug auch lila Unterwäsche!

Im nachhinein glaube ich, der Kapitän wollte nur den Chief treffen, die beiden waren alles andere als gute Freunde. Den Grund kannte keiner an Bord, das ging mit den beiden soweit, dass der Chief nicht mehr mit dem Kapitän im Salon aß, der Steward brachte die Mahlzeiten für den Chief-Ingenieur auf dessen Kammer! Ich wurde fristlos entlassen, durfte als Passagier mitfahren und musste dafür auch noch die Passage bezahlen.

In Marseille konnte ich die Reifenstein verlassen und mit dem Zug nach Bremerhaven fahren, direkt zum Maschineninspektor, der mich eingestellt hatte. Ich saß in seinem Büro und dachte: „Jetzt ist deine Karriere beim Norddeutschen absolut zu Ende!" Der Inspektor betrat sein Büro, wo ich schon wartete, er war sportlich angezogen mit einem kurzärmeligen Hemd und einer Reederei-Krawatte, grinste breit und begrüßte mich mit einem Handschlag. Sein Händedruck war nicht schlapp und weich, sondern fest, wie es sich für einen Seemann gehört, auch wenn er nur noch Büroarbeit verrichtete. Ich bekam einen alten Cognac eingeschenkt, er fragte: „Rauchen sie?" Ich nickte und sagte: „Ja, Zigarren." Sogar die bekam ich aus einer alten geschnitzten Zigarrenkiste angeboten. Es war eine starke, schwarze Bahia-Zigarre aus Brasilien, nichts für Magenkranke! Er kam sofort zur Sache und sagte: „Ich habe mit dem Chief-Ingenieur von der Reifenstein ein langes Gespräch geführt, es ist aber nun mal so, der Kapitän auf dem Schiff hat das Sagen! Nehmen sie es nicht so tragisch, ihren Verdienstausfall und alle Unkosten haben wir ihnen bereits ersetzt, es wurde auf ihr Konto angewiesen, auch Spesen sind dabei." „Ach so", sagte er noch, „dem Elektriker habe ich nahegelegt, selber zu kündigen, sonst tue ich es! Sie machen eine Woche Urlaub, die Rothenstein kommt aus Südamerika, Sie mustern dort an." Ich fragte mich, was für einen Narren hatte er an mir gefressen? Oder war alles nur Berechnung von ihm?

Das Hotel zur Schraube

Die Rothenstein war ein Schwesterschiff der Reifenstein, also auch ein Dreischraubenschiff. Es gab ja, wie ich schon erwähnte, drei Schiffe dieser etwas sehr ungewöhnlichen Baureihe. Aber die Rothenstein war auch das einzige Schiff vom Lloyd, das ein Ausbildungsschiff für künftige Nautiker war, ein Kadettenschiff! An Bord war zusätzlich ein Ausbildungsoffizier mit 12 Kadetten und deren Vormann. Die Rothenstein hatte dadurch 86 Mann Besatzung, es gab kein Handelsschiff in der deutschen Handelsmarine, das mehr Personal an Bord hatte!

Wir hatten zwei Fußballmannschaften an Bord und haben damals in Amsterdam den internationalen Pokal für Seeleute 3:1 gegen die Sowjetunion gewonnen! Die Rothenstein fuhr nach Mittelamerika, in die Karibik, an die Westküste der USA und Kanada.

Mein Dienstantritt war am 22.08.1967 in Bremen. Das Schiff lag im Überseehafen. Gleichzeitig mit mir kamen einige Kadetten und deren Vormann an Bord, ein großer, schlacksiger Bursche von 23 Jahren. Die Kadetten, die im Schnitt alle 15-16 Jahre alt waren, nannten ihren Vormann respektvoll Lupo, es war sein Spitzname. Das Gepäck von Lupo schleppten noch zusätzlich die Kadetten, er selber ging gleich mit den Händen in den Hosentaschen und pfeifend über Deck, grußlos am Bootsmann vorbei. Der Bootsmann sprach Lupo an: „Hör mal mein Freund, hier an Deck pfeife nur ich oder der Wind, haben wir uns beide verstanden!"

Arrogant sah Lupo den Bootsmann an und sprach: „Mein Vater ist beim Lloyd Kapitän und ich ..." Der Bootsmann unterbrach ihn und sagte hart: „Es ist mir scheißegal, was dein Vater beim Lloyd ist, hier an Deck bin ich der Bootsmann, es wird genau das gemacht, was ich sage, sonst bringe ich es dir bei!"

Nur die theoretische Schulung wurde vom Ausbildungsoffizier durchgeführt, die praktische Ausbildung machte immer nur der

Bootsmann! Ich dachte noch so, mit dem wird der Bootsmann noch sehr viel Ärger bekommen. Dass ich es selber werden sollte mit dem Ärger, wusste zu diesem Zeitpunkt noch kein Mensch auf dem Schiff, ich natürlich auch nicht. Auf einem richtigen Arbeitsschiff war ich wieder gelandet, öfters hatte ich mehr als 200 Überstunden im Monat geleistet, meine Heuer war dadurch höher als vom 3. Ingenieur! Unsere Elektroanlage war identisch mit der Reifenstein, meine Brandnarben von dort waren noch sichtbar. Unser Elektriker hier war ein Fachmann der Sonderklasse, nicht so eine verkorkste Flöte, wie ich sie erlebt hatte. Die Rothenstein lag im Hafen von Eureka, an der Westküste der USA, geschützt von einer Bucht, der Humbold-Bay. Lupo hatte mal wieder zum x-ten Mal den Getränkekühlschrank der Maschinenbesatzung in deren Pantry geplündert, es kam in der letzten Zeit immer öfter vor. Es war 07.30 Uhr, wir frühstückten alle in der Mannschaftsmesse, ich saß mit dem Bootsmann und dem Zimmermann an einer gesonderten Back. Diese Messe lag Steuerbordseite mittschiffs, die Offiziersmesse lag ein Deck höher, genau über uns. Der Salon war durch eine große Schiebetür von der Offiziersmesse getrennt, dort aßen nur der Kapitän, sein 1. Offizier und der Chief Ingenieur. Alle anderen Offiziere, Ingenieure, sowie die Ingenieur-Assistenten aßen in der Offiziersmesse.

Ein Kadett hatte aus der Kombüse mehrere Thermoskannen mit Kaffee geholt, für die Kadettenmesse im Achterschiff, wo auch ihre Kammern waren. Spaßhalber sagten alle zu diesem Ort „Hotel zur Schraube"

Das Schraubengeräusch von der Hauptmaschine während der Fahrt war allgegenwärtig, also kein lustiger Ort. Lupo hatte inzwischen eine erniedrigende Vorherrschaft unter den minderjährigen Kadetten aufgebaut, unglaubliche Schikanen und Gewalt gegen diese Jugendliche waren für diesen Scheißkerl etwas völlig Normales!

Keiner traute sich, sich zu beschweren, sie hatten alle eine Riesenangst vor Lupo, ihren Vormann. Aber das Schlimme daran war, keiner wollte es merken lassen und Verantwortung zeigen. Er war von Natur aus ein Mensch, der Schwächere gern demütigte und ihnen Schmerzen zufügte, wenn es denn möglich war, er hatte bis jetzt selber diese Erfahrung noch nicht erlebt!

Der Kadett, der den Kaffee holte, er hatte mehrere Kannen auf einem Tablett. Ich grüßte und sprach: „Bestell deinem Vormann, er möge in Zukunft seine kranken und langen Finger von unserem Kühlschrank lassen, wir haben es satt, dass er immer öfter unser Bier klaut!" Der Kadett gab das wörtlich an Lupo weiter. Nach dem zweiten Gang Kaffee holen kam die Antwort von Lupo gleich mit. Er ließ anfragen (ich zitiere jetzt wörtlich): „Wann hat diese Pflaume die letzten Prügel bezogen?" Plötzlich eine absolute Stille in der Mannschaftsmesse, wie in einer Kirche, keiner frühstückte weiter, nur der Bootsmann hustete, er hatte sich verschluckt. Alle sahen mich an, 21 Seeleute in der Messe warteten auf meine Reaktion. Ich schob wortlos meinen Teller weg, stand auf und ging nach achtern zu der Kadettenmesse im „Hotel zur Schraube". Im Rausgehen hörte ich noch einen Matrosen sagen: „Armer Lupo!" Die Kadettenmesse lag unter Deck. Ich ging die Treppe runter und machte gleich Backbord die erste Tür auf. Lupo saß an der Stirnseite der Back, gleich neben der Tür. Ein Teller mit vier Spiegeleiern stand vor ihm, sie hingen teilweise über den Tellerrand, ein zweiter kleinerer Teller daneben voller gebratener Speckscheiben stand auch noch da. Alles das erfasste ich noch mit meinen Augen, in allen Messen an Bord sind die Tische und Bänke wegen des Seegangs fest angeschraubt. Lupo war wegen seiner Größe richtig eingezwängt, zwischen der Back und seiner Sitzbank, er konnte also nicht umfallen. Mit seinen blauen Augen sah er mich neugierig und verwundert an. Ich war ganz ruhig und sagte: „Hallo Jungs, schönen Guten Morgen alle zusammen!"

Dann begann meine kurze, präzise Arbeit an Lupo!! Ich machte, was ich machen musste. Die Kadetten hatten so etwas nicht erwartet und Lupo schon gar nicht. Er hing noch schlaff und kraftlos in meiner linken Faust, da sagte ich zu ihm: „Klaust du noch ein Bier aus unserer Pantry, dann kommt die Pflaume zurück und macht aus dir einen Pflaumenkuchen!" Er war geschockt und nickte dauernd. Lupo hatte danach zwei Tage lang seine üppigen Malzeiten durch Kamillentee ersetzt. Ich sagte zum Koch: „Gebt ihm rohes Rindfleisch als Auflage für sein Gesicht, mir hatte es sehr geholfen, als ich mal in Hamburg schwer demoliert worden bin!" Der Ausbildungsoffizier der Kadetten hatte seine Aufsichtspflicht nicht nur verletzt, sondern nicht wahrgenommen, er wollte sich noch mit mir anlegen. Ich sagte zu ihm: „Bereite dich lieber auf die Befragung vor, die auf dich zukommt und wie das Wort Aufsichtspflicht von dir neu definiert werden soll." Die Kosten von Lupos Teilprothese, wegen einiger fehlenden Vorderzähne wurde von der Seekrankenkasse voll übernommen.

Auf der nächsten Reise der Rothenstein kamen neue Kadetten und ein neuer Ausbildungsoffizier an Bord, ein Lupo war nicht mehr dabei!

Das Big Master Steak von San Franzisko

In San Franzisko war ich mit dem Bootsmann an Land gegangen. Er wollte unbedingt in ein Steak House gehen, er würde es kennen und den Wirt auch. In diesem Speiselokal gab es zwei Sorten von Steaks, ein normales, auch schon groß für europäische Verhältnisse. Aber das Big Master Steak sprengte bei einigen Menschen, die es auf einer großen Holzplatte schön angerichtet und garniert sahen, die Vorstellungskraft, dass jemand diesen Fleischberg gleich zweimal essen könnte! Die Werbung lautete, wer zwei Big Master Steaks schafft, der braucht beide nicht zu bezahlen.

Das machte keinen Eindruck auf mich, ich stamme aus einer Schlachterfamilie und bei uns zu Hause wurden immer große Mengen an Fleisch gegessen. Mein Vater verzehrte noch mit 65 Jahren zum Frühstück einen halben, gekochten Schweinekopf, wenn ihm einmal danach zumute war!

Der Bootsmann wusste, dass ich riesige Mengen essen konnte, das alte Schlitzohr hatte mich so lange beschwatzt, bis ich einwilligte. Sofort war das für alle Gäste ein Grund zum Wetten, schafft er es oder nicht. Ich fragte den Wirt: „Hat das jemals einer gegessen?" Er sagte traurig: „Nein, niemals!" Nach einer Weile meinte er so beiläufig, vor 20 Jahren hatte es mal mein Vater beinahe gepackt, er ist aber fast daran gestorben. Ich glaubte ihm kein Wort, er sah aus, als hätte er gar keinen Vater gehabt, außer einen biologischen natürlich. Gut sagte ich, vor 20 Jahren waren die Leute kleiner und zwangsläufig ihre Mägen auch. Der Wirt war ca. 1,75 Meter groß, eher etwas weniger, die Wette nahm er an. Alle Leute im Lokal standen auf und fingen an zu wetten, natürlich gegen mich. Nur der Bootsmann setzte auf mich 100 Dollar!

Das erste Steak ging ruck-zuck weg, ich habe sogar einen Teil der Garnierung mitgegessen. Als ich aber die Hälfte vom zweiten

Big Master Steak fast gegessen hatte, kam die Krise! In meinem Zeitrahmen lag ich sehr gut drin, da war noch Platz! Ich dachte wirklich, so nun ist Schluss, gut gefrühstückt hatte ich ja auch schon, das hatte ich glatt vergessen. Alle grinsten und glaubten, sie hätten ihre Wetten gewonnen, da bekam ich plötzlich einen zweiten „Magen". Ich fing an zu scherzen und sagte: „Ich muss gleich schnell an Bord, der Koch macht heute Linseneintopf, mein Leibgericht." Es war totenstill im Lokal geworden, außer dem Bootsmann hatten alle ihre Wetten verloren. Er musste mich stützen, damit ich zu meinem bestellten Taxi kam, laufen konnte ich kaum noch! Im Hafen angekommen musste das Taxi sofort anhalten, ich konnte gerade noch die Tür aufmachen, dann ging es los. Es hörte sich an, als startete ein Maserati ohne Schalldämpfer, mein Magen war wieder leer, gut, dass ich nichts bezahlt hatte. An Bord habe ich dann etwas später vom Linseneintopf gegessen.

Ich habe Jahre später mal von meiner Frau erfahren, die zu dieser Zeit noch im Personalbüro des Norddeutschen Lloyd Bremen und Bremerhaven arbeitete, ich hätte die dickste Personalakte, die jemals ein Seemann der Reederei gehabt hatte, die Vorkriegszeit mit einbezogen. Ich habe darauf spaßhalber gesagt: „Lege noch meine Personalakte von der Hansa-Reederei dazu, dann wird sie dicker als die „Gutenberg-Bibel!" Meine Frau ist durch Krankheit gestorben, meine zweite Frau, die ich sehr liebe, hat mich dazu ermutigt, alle meine Erlebnisse von meiner Zeit bei der Handelsmarine aufzuschreiben. Ich bin ihr sehr dankbar dafür! In einigen Jahren gibt es aus dieser harten Epoche keine Zeitzeugen mehr, das Wissen darüber geht zwar nicht verloren, aber einzelne originelle Streiche geraten in Vergessenheit! Ich musterte mit dem Koch und dem Bootsmann am 27.09.1968 von der Rothenstein ab, wir machten zusammen in den Wäldern Kanadas Winterurlaub!

Der Albtraum

Nach meinen Winterurlaub in Kanada sehnte ich mich wieder nach tropischer Wärme. Jeder Seemann, der so einen Kälteschock erlebt hätte, dem ginge es genau so wie mir. Am 10.11.1968 musterte ich auf der Bayernstein an, das Schiff war ein moderner Neubau und das supermoderne Schiff lag noch in Bremerhaven am Ausrüstungskai der eigenen Lloyd-Werft. Danach ging es an die Pier und wurde das erste Mal beladen!

Auf diesem Schiff arbeitete ich 2 Jahre, 6 Monate und 2 Tage. In dieser Zeit an Bord gab es einige bemerkenswerte Ereignisse und turbulente Geschichten. Diese Geschichte handelt von einem Besatzungsmitglied, der ein Albtraum eines jeden Vorgesetzten ist, ich war gerade der Vorgesetzte dieses Albtraums!

Der Mann, um den es hier geht, ist der legendäre Jonny Hormann, er war Reiniger im Maschinenraum und vor dem Krieg Heizer und Trimmer auf alten Dampfschiffen mit Kohlefeuerung, man konnte ruhig sagen: Ein Fossil der christlichen Seefahrt! Jonny Hormann war 63 Jahre alt, er ist passionierter Pfeifenraucher und hatte drei ausgeprägte Eigenschaften. Er war stinkfaul, hatte also keine Neigung zur Arbeit, er war versoffen bis zum geht nicht mehr, wenn er es nicht bezahlen brauchte und er hatte einen märchenhaften Geschlechtstrieb!

Zu jeder möglichen Zeit und Unzeit hatte er Nutten vom Strich mit auf seiner Kammer, er war kaum ansprechbar in seiner Arbeitszeit, in seiner Freizeit schon gar nicht. Die Evolution schien er glatt übersprungen zu haben, seine animalischen Triebe, Fachkenntnisse und Fähigkeiten würden jeden Sexualforscher zum Umdenken zwingen, hätte er Jonny

Hormann in einem Langzeitprogramm! Dr. Geschade, der Hafenarzt aus Bremen und Bremerhaven, war zuständig für die

Gesundheitskarten und Impfungen der Seeleute. Dr. Geschade musste auch den Hafennutten, die in seinem Bereich agierten, die „Bäckerbücher" abstempeln, das Gesundheitsamt prüfte und kontrollierte das damals ständig.

Der Doktor selber war ein großes Unikum der Sonderklasse und bei seinen Kollegen gefürchtet. Er sagte über Jonny Hormann: „Der ist der gesündeste, aber nicht mehr zählbare Gonorrhö-behandelte 63-jährige Mensch, den es in Deutschland und Umgebung gibt!" Dr. Geschade war ein streitbarer Arzt und vulgär in seiner Sprache, die Ehefrauen von den Schiffsoffizieren nannte er einmal „Kochtopfnutten"! Von sich selber behauptete er immer: „Ich kämpfe nicht gegen Zwerge, es muss schon ein Goliath sein." Ich glaubte ihm das aufs Wort, der würde sogar sein eigenes Suspensorium als Steinschleuder benutzen!

Der Hafenarzt von Bremen Dr. Geschade

Die Bayernstein wurde beladen, auch die Ausrüstung der Maschine kam an Bord, sie war als Erstausstattung sehr umfangreich. Ich hatte mit meinen Leuten zusammen alle Hände voll zu tun, einige waren nur als Urlaubsvertretungen an Bord. Meine Stammbesatzung musste ich noch zusammenstellen. Mein Chef, der 2. Ingenieur, den ich sehr gut kannte, gab mir einen Abrissblock mit Kündigungen, alle unterschrieben, schon mit dem Schiffsstempel versehen!

Ich suchte die Mannschaft für den Tagesdienst selber aus, die beste Mannschaft sollte es werden. Faulpelze und Alkoholiker, die immer nur Probleme machten, hatten wir genug in der Flotte, solche Typen sortierte ich diskret aus. Leider waren auch top Handwerker unter ihnen, aber was nutzt der Gemeinschaft im Maschinenraum die Fähigkeit dieser Seeleute, wenn sie unzuverlässig sind und besoffen in der Koje liegen; ich hatte genug Erfahrung mit solchen Leuten. Richtige Dummköpfe dagegen waren sehr selten anzutreffen, sie wurden sofort Opfer irgendwelcher Streiche. Einem dieser Kandidaten redete man ein, der Lloyd hätte im Schwarzwald ein eigenes Erholungsheim für lungenkranke Seeleute und schöne junge Schwestern betreuten sie. Bordkameraden klebten mit Heftpflaster einen Groschen auf den Rücken dieses Blödmannes, er ging in das Hafenamt zum Arzt und wollte seine Lunge röntgen lassen, alle haben ihn versichert, die stellen fest: „Du hast ein Loch in der Lunge!" Ausgerechnet Dr. Geschade hatte gerade Dienst. Der hat ihn richtig knüppelhart „konfirmiert" und ihm seine Gesundheitskarte entzogen! Der Chief-Ingenieur und vor allem der 2. Ingenieur, der wirkliche Einsatzleiter im Maschinenraum, akzeptierte nur Leistung. Schwächlinge hatten keinen Platz auf einem Handelsschiff. Wenn sie selber aber „Getränksmänner" waren, wurde dieser eigene Grundsatz nicht beherzigt!

Wir sollten eine Weltreise machen! Durch den Suezkanal nach Ostasien und nach Australien, dann quer durch den Pazifischen Ozean in die USA und durch den Panamakanal zurück nach Europa.

6 Monate waren für die Jungfernreise veranschlagt worden, aber 7 Monate dauerte die „Entjungferung" der Bayernstein mit allen Schwierigkeiten, die wir hatten. Als ich Jonny Hormann kommen sah, einen uralten Seesack auf der Schulter, in Qualm gehüllt von seiner überdimensionierten Tabakspfeife, der Pfeifenkopf war ein richtiger „Kameradenbetrüger", da ging fast ein ganzes Päckchen Tabak rein!

Ich hatte an Bord immer einen kurzen Haarschnitt, heute mit meinen 72 Jahren natürlich auch noch. Ich hatte damals aber das Gefühl, als ich Jonny Hormann sah, dass sich meine Haare sträubten, wie bei einem Dobermann vor seinem Angriff! Möglicherweise taten sie das auch wirklich in diesem Moment. Jonny Hormann hatte das Schiff noch nicht betreten, da stand er schon auf meinem Kündigungsblock, den ich ja vom 2. Ingenieur quasi als Blankoscheck bekommen hatte. Die Kündigungsfrist bei der Seefahrt betrug damals beidseitig 48 Stunden!

Auf so einem supermodernen Frachtschiff wie die Bayernstein, mussten noch jede Menge „Kinderkrankheiten" beseitigt werden, man kann sagen: Erst nach einem Jahr ist so ein Neubau 100 % in Ordnung. Ich wollte Jonny Hormann unbedingt loswerden, aber ich hatte nicht die geringste Chance dazu bekommen. Jetzt wurde ich in das Personalbüro zitiert, mein Chef, der 2. Ingenieur, hätte das machen müssen, er sagte: „Mit denen lege ich mich nicht mehr an!" Im Personalbüro, nur wenige Meter vom Lloyd-Trockendock und der Werft entfernt, erklärte man mir: „Herr Hormann ist ein Mitarbeiter, der schon vor dem Krieg bei uns in der Reederei beschäftigt war, schon aus Tradition entlassen wir ihn nicht, egal wie unbequem er einigen Herren an Bord erscheint!"

Jonny Hormann der "Albtraum"!!

Was ist bloß mit deinen Ohren los? Das konnte ich doch nicht gehört haben. Aber die meinten es tatsächlich so, wie sie es sagten. Ich merkte sofort, in diesem Büro mochten sie mich nicht, alle kannten meine Personalakte. Ich fragte nach dem Maschineninspektor, hämisch klärten sie mich auf: „Er ist in Genua wegen einer Havarie eines unserer Schiffe." Dass Jonny Hormann nicht lesen und schreiben konnte, habe ich auch erst später erfahren!
Alle tuschelten im Personalbüro, manche sahen mich zum ersten Mal. Im Gehen fragte ich noch: „Hat denn Herr Hormann schon mal ein Schiff versenkt?" Ich meine natürlich vor dem Krieg! In den verkniffenen Gesichtern war nicht mal ein Ansatz von Humor zu erkennen und mitten unter den ganzen Büroangestellten saß auch noch meine spätere Frau!

Als ich an Bord ging, sah ich Jonny Hormann mit einigen Werftarbeitern auf der Kai-Anlage Fußball spielen, natürlich während seiner Arbeitszeit. Er schoss gekonnt den Lederball an das große Schiebetor einer Lagerhalle. Die Werftarbeiter, die alle jünger waren, drückte er zur Seite als wären es nur Pappfiguren. Er war mit seinen 63 Jahren noch sehr schnell am Ball. Als mich Jonny sah, ich hatte schon fast die Gangway erreicht, da stoppte er sofort seine Aktivitäten am Ball. Jonny Hormann knickte ein, beugte sich nach vorne und fing an flach und hastig zu atmen, dabei fasste seine linke Hand zum Herzen und er taumelte mir entgegen!

Jonny riss seine Augen weit auf und nahm seine erkaltete, übergroße Tabakspfeife aus dem Mund, die großen, gelben Nikotinzähne, die sie vorher festhielten, wurden für einen Moment voll sichtbar. In diesem Augenblick sah Jonny Hormann aus wie ein 80-jähriger, schwerkranker Herzpatient, der sofort notärztliche Hilfe braucht. Einmalig diese schauspielerische Höchstleistung von diesem Chamäleon. Jeder Filmregisseur wäre entzückt aus seinem Regiestuhl aufgesprungen, es war oscarreif, eine Meisterleistung, die man eigentlich nicht mehr steigern konnte; es war aber nur eine Kostprobe seines Könnens. Er war der perfekte Simulant von Herzattacken! Ich war frustriert, vor einigen Minuten die Niederlage im Personalbüro, nun die Supervorstellung von Jonny Hormann! Jetzt wurde ein Tabu gebrochen und ich habe in meiner Arbeitszeit mit meinem Chef, dem 2. Ingenieur, in seiner Kammer eine Flasche Whisky ausgetrunken. Er hat mich beruhigt und gesagt: Wegen Hormann haben sich schon manche Ingenieure am Personalbüro die „Zähne verbogen"! Ich sagte darauf: „Möglich ist da nur noch, dass der gute alte Hormann 51 % der Aktien vom Lloyd besitzt und uns gleich rausschmeißt, weil wir beide während unserer Arbeitszeit ohne ihn saufen!"

Der 2. Ingenieur bog sich vor Lachen bei diesen skurrilen Gedanken, er konnte gut lachen, er fuhr ja nicht mit, nur eine Hafenvertretung machte er. Jonny lag mir quer im Magen, mit jedem Trouble-Macher an Bord wurde ich fertig und kam zurecht, aber bei Hormann dem charismatischen Schauspieler und Supersimulant waren meine Fähigkeiten zu Ende und total ausgeschöpft. Auch der Chief-Ingenieur war nicht begeistert von dem Verhalten der Personalabteilung. Alle hatten nur negative Erlebnisse mit diesem Chaoten gehabt. Bis jetzt hatte ich nur von den unglaublichen Geschichten von Jonny Hormann gehört, ich war vorgewarnt. Stimmte nur 10 % davon, dann ist das Wort Albtraum voll berechtigt!

Um bei den langen Seereisen Brennstoff zu sparen, hatte die moderne Bayernstein einen Wellengenerator zum Stromerzeugen. Die Hauptmaschine, wenn nicht gerade Revierfahrt war, lief mit billigen Schweröl, die Hilfsdiesel dagegen nur mit teurem Dieselöl. Auf den sehr langen Seereisen lief also der Wellengenerator, der durch die Welle der Hauptmaschine den ausreichenden Strom erzeugte. Die Hilfsdiesel, die sonst einen Generator drehten, standen still. Man sparte den Treibstoff und reduzierte gleichzeitig die Betriebsstunden vom Hilfsdiesel!

Das erste Lager einer Schiffswelle ist immer das Drucklager, gleich hinter der Hauptmaschine. Es ist auch gleichzeitig das größte und stabilste Lager, danach hatte man einen Wellengenerator geflanscht. Es gab an Bord ein Wellenstück, das man als Ersatz dazwischenflanschen konnte, ein Distanzstück genauer formuliert. Dieser Wellengenerator erzeugte Strom, wenn sich die Schraubenwelle drehte, darum der Name Wellengenerator. Fachleute wissen darüber Bescheid, ich beschreibe das hier für Laien.

Unser erster Hafen einer langen und weiten Reise war Antwerpen. In der außen Schelde sollte der Wellengenerator abgeschaltet werden, aber vorher musste der Elektriker unter voller Last eine innere Sichtkontrolle an den Wicklungen und einigen Kabelführungen durchführen, das war eine Anweisung vom Chief-Ingenieur gewesen. Dazu schraubte der Elektriker die großen Sichtklappen vom Generator an der Backbordseite ab. Alles steht dort drin im Generator unter Hochspannung, es war absolute Vorsicht geboten!

Jetzt verketteten sich unglückliche, aber vermeidbare Umstände miteinander, wie immer im Leben. Jonny Hormann bekam vom Wach-Ingenieur eine Anweisung, mit einem Twist ein paar Ölstreifen an einer Triebwerksklappe der Hauptmaschine abzuwischen, nicht mehr und nicht weniger. Es war eine einfache und klare Order gewesen, aber nicht für Jonny Hormann!

Die Bayernstein befand sich noch auf Revierfahrt, mitten auf der außen Schelde. Der wachhabende 3. Ingenieur entfernte sich von Jonny und ging zu einem Ölfilter, um die Druckhaltung zu regulieren; zwei Ingenieur-Assistenten standen direkt am Fahrstand der Hauptmaschine. Ein Assistent bediente den Maschinentelegrafen, der andere die Hauptmaschine selber. Die einzelnen Fahrtstufen der Hauptmaschine wurden immer von der Brücke vorgegeben. Diese Drehzahlstufen wurden mit dem Maschinentelegrafen bestätigt und in einem Manöverbuch dokumentiert.

Der Elektriker ging los, um aus dem Store eine Kabellampe zu holen. In der Bilge, ca. 6 Meter vom offenen Wellengenerator entfernt, hing ein noch nicht abgestellter Wasserschlauch, den ein Motorenwärter benutzt hatte, um einen Trinkwasserfilter zu spülen. Jonny Hormann war allein an der Triebwerksklappe der Hauptmaschine! Er sah den Wasserschlauch und wollte damit die Schmutzstellen beseitigen. Jeder vernünftige Mensch geht so einem offenen Generator aus dem Weg und an einen Wasserschlauch würde er überhaupt nicht denken. Aber Jonny, mit seinem eingeschränkten Primatenverstand, nahm den in der Bilge hängenden Wasserschlauch, für ihn hatten der offene Generator und das Wasser keine Bedeutung!

Ich glaube, durch ein dichtes Minenfeld in einem Kriegsgebiet zu fahren ist nicht so gefährlich, wie Jonny Hormann ohne Aufsicht arbeiten zu lassen!

Ungefähr 0,5 bar Druck waren auf dem Wasserschlauch, er nahm ihn und reinigte damit die Triebwerksklappe. Als er am offenen Generator noch ein paar Schmutzstreifen sah, machte der große „Saubermann" da auch noch weiter! Es gab eine Explosion!

Mehrere Kupferpakete und Wicklungen von 500 kg Gewicht verbrannten und schmolzen in einem elektrischen

Hochspannungs-Lichtbogen einfach weg! Jonny hatte den Wasserschlauch einen Meter vom Ende, besser gesagt vom Wasseraustritt, in der Hand gehabt, das Stück ist vollkommen weg, dabei verdampfte das Wasser schlagartig. Ich, als sein direkter Vorgesetzter war mit meinem Chef, dem 2. Ingenieur, beim Chief-Ingenieur oben, wegen einiger Reparaturen, die in Antwerpen gemacht werden sollten. Die ganze Zeit beim Chief hatte ich eine innere Unruhe gehabt, ich kam die Treppe runter in den Maschinenraum, da sah ich und hörte das Drama! Jonny Hormann stand in einer gewaltigen elektrischen Licht-Aura, umgeben von Wasserdampf, wie ein Außerirdischer sah er in diesem Moment aus. Er ist mit weit aufgerissenen und verdrehten Augen an mir vorbeigeschossen, ich dachte: „Armin Harry, der deutsche Wundersprinter, der 1960 in Rom die 100 Meter in Weltrekord lief, könnte dem unter Schock stehenden Jonny Hormann nicht folgen!" Jonny spuckte einen Teil des Pfeifenmundstücks aus, er hatte seine Tabakspfeife, an der er ständig rumnuckelte, glatt durchgebissen!

Seine stark verlebten Gesichtszüge, die stets aschgrau waren, hatten durch das Hochspannungslicht eine knallrote Farbe angenommen, er schien, um Jahre gealtert zu sein. Die Chance, bei so einem gefährlichen Debakel zu überleben, ist statistisch gesehen eigentlich sehr gering, er aber hatte noch gewaltigen Dusel gehabt, weil er auf einer Gummimatte stand und sogar Gummihandschuhe anhatte, wegen der Seifenlauge beim Farbe waschen. Eigentlich war das nicht die Regel, Jonny hatte sie an, er wusste selber nicht warum und darum überlebte er seinen eigenwilligen Arbeitseinsatz!

Der Strom war kurz weg, ein Hilfsdiesel mit einem Generator sprang sofort an und übernahm die ganze Last. Ein längerer, totaler Stromausfall hätte auf der Schelde mit seinem starken Schiffsverkehr böse Folgen haben können. (Die Birkenfels von der Hansa liegt quer ab von uns auf Grund, durch eine Wracktonne markiert!)

Solche „Primaten", wie Jonny Hormann, haben immer einen besonderen Schutzengel. Ein abergläubischer Matrose soll mal gesagt haben: „So lange dieser Vollidiot an Bord ist, geht das Schiff nicht unter!"

Als die Bayernstein im Hafen von Antwerpen am Schelde-Kai festgemacht hatte und die Hauptmaschine stand, erst da wurde das ganze Ausmaß der Zerstörung sichtbar. Ein gigantischer Schaden am Wellengenerator, eine Reparatur kam nur bei Siemens, dem Hersteller des Generators in München in Betracht. Die Bayernstein musste in das Trockendock einer belgischen Werft, die Bordwand im hinteren Teil des Schiffes wurde aufgeschnitten, Spannten mussten durchtrennt werden, um den 12 t schweren Koloss von einem Generator aus dem Maschinenraum der Bayernstein zu bekommen. Mit der Bahn wurde der Schwertransport nach München zur Firma Siemens gebracht. Wir lagen einige Tage im Trockendock. Da, wo der Wellengenerator saß, wurde passgenau ein Distanzstück, das an Bord war, dazwischen geflanscht. Den von Siemens reparierten Wellengenerator sollten wir erst 7 Monate später wieder eingebaut bekommen, mit derselben Prozedur und am selben Ort in Antwerpen.

Die Schuldfrage wurde geklärt: Wer hatte diesem „Hirni" den Auftrag erteilt, einige Ölstreifen an der Triebwerksklappe zu entfernen? Wer hatte ihn ohne Aufsicht arbeiten lassen? Warum hatte der Elektriker die wasserdichten Sichtklappen nicht verschlossen, als er sich vom Wellengenerator entfernte? Warum hatte der Motorenwärter den Wasserschlauch bei Ende seiner Trinkwasserfilter-Reinigung nicht abgestellt? Warum war ich nicht im Maschinenraum anwesend? Nur der Herr Hormann, dieser Albtraum, wurde mit keinem Wort erwähnt.

Es war eine Kollektivschuld, so das Fazit vom Chief! Aber er übernahm die volle Verantwortung dafür. Wir mussten trotz dieses großen Schadens, den der Chaot angerichtet hatte, Jonny Hormann, den Liebling der Personalabteilung, mit auf Weltreise nehmen. Der einzige Kommentar dieser mir verhassten Abteilung war: Die Schuld läge nur bei den Vorgesetzten und deren Vertreter, widerwillig musste ich ihnen sogar recht geben!

Um diese biblische Plage zu beherrschen, musste man eine völlige neue Strategie entwickeln, ich begann intensiv darüber nachzudenken. Jonny Hormann hatte gerade mal wieder eines seiner „Meisterstücke" abgeliefert, dabei hatte die Weltreise noch nicht einmal richtig begonnen. Die Ehefrauen der Offiziere und Ingenieure waren fast alle an Bord, um sich von ihren Männern zu verabschieden, sie waren ja auch sehr lange weg von zu Hause. Einige blieben an Bord der Bayernstein und machten die lange Reise mit!

Jonny Hormann war ein Frauentyp, er hatte sie alle gern, ob Hafennutten oder Ehefrauen, es gab für Hormann keinen Unterschied! Seine animalische Primitivität zog auch noch die Frauen magisch an, man konnte nur immer wieder den Kopf schütteln, über so eine Naivität der Weiblichkeit. Wie ein ranziger Kater durchstreifte er das Schiff, immer auf der Suche, was er so liebte und oft genug auch fand. Sein abnormaler Hormonspiegel ist mal wieder gefährlich angestiegen, er wurde dann unberechenbar der alte Bock, er war scharf wie eine Siedlersense! Der Alkoholspiegel von Jonny war auch beträchtlich.

Der Hafenarzt von Bremen und Bremerhaven, Dr. Geschade, meinte mal humoristisch über Jonny Hormann: „Um den zu kastrieren, müsste ich mir erst ein besonderes medizinisches Besteck von einem erfahrenen Dorfschmied anfertigen lassen! Nach der Abendmalzeit saß der 3. Offizier noch in der Messe und trank ein paar Bierchen und Jonny nagte inzwischen an dessen Frau rum!

Ich sagte dem phlegmatischen 3. Offizier in deutlichen Worten Bescheid: „Du bekommst eine Zecke, die fest in deinem Arsch sitzt, leichter raus, als Hormann von deiner Frau runter!"

Blitzschnell reagierte der 3. Offizier, er hatte schon von Jonnys Fähigkeiten gehört. Das Schlimmste konnte noch im allerletzten Augenblick mit Kraftanstrengung verhindert werden. Der 3. Offizier verließ wütend mit seiner verstörten Ehefrau die Kabine von Hormann. Jonny blieb diesmal erfolglos, mit zittrigen Händen und abgerissenen Knöpfen vom Hosenstall seiner schmuddeligen Khakihose, zurück! Alles spielte sich nur in seiner Kammer ab, er ging nie in fremde Kabinen, so dumm war er auch wieder nicht.

In einem Taifun der schlimmsten Sorte, südlich von Japan 130° Länge und 22° Breite, ist unser Schiff fast gesunken. Die Bayernstein wurde so stark beschädigt, dass sie in Yokohama in die Werft musste. Neun Meter Verschanzung auf der Steuerbordseite waren einfach weggerissen. Das ganze Vorschiff war schwer beschädigt, die Ankerspille wurden von der wuchtigen See bis in den Kettenkasten der Anker durchgedrückt. Alle an Bord dachten der „blanke Hans" holt uns jetzt! Von einem Aborigines in Australien wusste ich, jeder Mensch und auch Tier, weiß kurz vorher, wann sein Ende ist! Nur hatte ich vergessen zu fragen, wie kurz? Ich glaube, diese Ureinwohner haben in vielen Dingen recht.

Wir kamen sehr schwer beschädigt in Japan an, selbst Experten der Werft haben gestaunt, dass diese „Konservendose" es geschafft hatte zu überleben!

Das Schiff wurde in der Werft gründlich repariert und das Vorschiff massiv verstärkt. Die Bayernstein hält keinen Vergleich mit der Reifenstein oder Rothenstein stand, in der Stabilität liegen Welten dazwischen. Immer wieder sind Platten und Spannten bei schwerer See gerissen, wir aber mussten damit leben!

Weil Jonny Hormann schon morgens in den Tropen sein Bier trank, schwitzte er bis zum Mittag sehr, dann kam sein unwiderstehlicher

Auftritt: Er klagte gekonnt und fast glaubhaft über sein krankes Herz, mal fasste er sich mit der linken Hand an die Brust und mal mit der rechten Hand. Jeder Hypochonder auf dieser Welt hätte von Jonny noch etwas lernen können. Er wollte einfach nicht in dem warmen Maschinenraum unten arbeiten. Er bekam jede Menge freie Tage, bezahlte natürlich, ich war hilflos diesem Trickser ausgeliefert, ein Albtraum!

Jonny stand danach immer an Deck und schaute wie der alte Kopernikus ständig in den Himmel, grinste unverschämt, dabei rauchte er eine seiner ungewöhnlich großen Tabakspfeifen und trank gut gekühltes Bier. Ihm fehlten nur noch die Weiber, aber die sollten noch kommen!

Hormann hielt alle, die arbeiteten, für Idioten, eine bemerkenswerte Logik für einen Analphabeten. In der Maschinenbesatzung gab es böses „Blut" über diese Frechheit und mit Recht auch. Ich war manchmal sogar froh, ihn nicht im Maschinenraum unten zu haben, Jonny war eine ständige Bedrohung in diesem komplizierten System, keine Sekunde durfte er ohne Aufsicht bleiben. Ich musste ständig einen Mitarbeiter delegieren, der die notorische Erfolglosigkeit des „Primaten" Jonny Hormann bei einer seiner seltenen „Arbeiten" überwachte und nachbesserte.

In Phuket, einem Hafen in Thailand, lag das Schiff in einer Flussmündung am Anker, wir luden Zinnbarren, die in Schuten an der Bayernstein anlegten und mit unserem Ladebäumen gelöscht wurden. Wir nutzten die Zeit und reinigten die Spülluftventile von den Turboladern, eine aufwendige Dreckarbeit, das Aus- und Einbauen allein war schon schwierig, nichts für Jonny!

Er zog mal wieder eine Superschau ab, natürlich über sein „krankes" Herz. Ich schickte ihn wie immer nach oben an Deck, zusätzlich um den Dienstweg einzuhalten informierte ich meinen Vorgesetzten den 2. Ingenieur, was sollte ich auch anderes machen?

Der „Herzkranke" raste die Metalltreppe hoch, er übersprang manche Stufe. Der alte Bock hatte mitbekommen, dass eine

Dschunke voller Nutten an der Bayernstein festgemacht hatte und Mamma-San, die Bordellchefin ihre „Schwalben" gerade an einige zahlungswillige Kunden von der Besatzung verteilte. Jonny nahm gleich zwei mit auf seine Kammer, ja er hatte ein großes Herz!

Als nach mehreren Stunden Mamma-San mit ihren „Susi-Wong Schwalben" ihre Dschunke klarmachte und wieder ablegen wollte, da fehlten zwei der „Damen". Sie mussten alle warten, endlich kamen die letzten beiden aus Jonnys Kammer, das blanke Entsetzen stand auf ihren Gesichtern. Unter deutscher Gründlichkeit hatten sich die beiden natürlich etwas ganz anderes vorgestellt!

In Singapur hatte ich die Faxen mit Jonny Hormann langsam satt, ich konnte gegen einen 63-jährigen Mann nicht so vorgehen wie bei einem 30 Jahre alten Schmarotzer, den hätte ich gangbar gemacht! Um des Arbeitsfriedens willen musste der 2. Ingenieur handeln, es bestand auch die Gefahr, dass irgendein Hitzkopf sich an Jonny vergriff, so etwas durfte nicht passieren!

Es wurde höchste Zeit, diesen Dauerurlauber auf legalem Weg loszuwerden. Ich saß beim 2. Ingenieur in seiner Kammer und holte mir meine Arbeitsanweisungen für den nächsten Tag ab, natürlich kam auch das Dauerproblem Hormann zur Sprache. Der Chief kam plötzlich noch, er hörte sich die Vorschläge vom 2. Ingenieur an, aber der wollte etwas Besonderes von uns hören. Die zweite Flasche Gin war angebrochen, ich wurde geschickt, um vom Steward noch Eis und Tonic-Wasser zu holen. Als ich damit zurückkam, wurde die feuchte Beratung abgebrochen, der Chief-Ingenieur hatte Besuch bekommen, sein Freund ein chinesischer Arzt aus Singapur war an Bord. Der Chief nahm uns beide mit ein Deck höher in seine „Residenz", um gemeinsam mit dem Arzt das Jonny Hormann-Problem zu lösen. Ich trank nur noch Mineralwasser, um 08.00 Uhr musste ich fit in der Werkstatt im Maschinenraum der Bayernstein sein!

Wir wollten alle diese Heimsuchung loswerden. Es war nicht einfach seinen unsichtbaren Schutzschirm, die Personalabteilung, zu knacken. Keiner wollte sich so richtig mit dem Personalbüro anlegen und auch noch eventuell Jonnys Rückfahrkosten übernehmen. Wir saßen bis tief in der Nacht beim Chief in der Kabine. Alle waren sich plötzlich einig, es gab nur eine Lösung, die Kosten für Jonny Hormann mussten in das Unerträgliche gesteigert werden. Aber diese Kosten durfte nicht das Personalbüro mit seinen verschleierten Etatkosten tragen, sie mussten direkt auf die Finanzabteilung abgewälzt werden, verbunden mit der Drohung, dass weitere Kosten folgen, um sicherzustellen, dass Herrn Hormanns wertvolle

„Arbeitsleistung" dem Norddeutschen Lloyd noch lange erhalten bleibt!

In dieser Abteilung sitzen echte Hanseaten und Pfennigfuchser. Sie werden die vernetzten Strukturen im Personalbüro gewaltig ausdünnen und den Wildwuchs beschneiden, um die Unkosten auszugleichen, die sie ständig wegen ihrer verfehlten Personalpolitik verursachen!

Ein genialer Schachzug war das – ein Kabinettstückchen vom Chief-Ingenieur. Der Blitz wird endlich in die Personalabteilung einschlagen und in diesem dunklen Geisterbüro wird es sehr hell werden. Plötzlich fragte der Chief seinen Freund den chinesischen Arzt: „Das teuerste Herzpräparat, was würde es kosten?"

„300 US-Dollar", die schnelle Antwort! „Viel zu billig", sagte der Chief, es muss richtig dickes Geld kosten und nahm einen tüchtigen Schluck aus seinem Gin-Tonic Glas! Der Chinese überlegte einen Augenblick und sagte: „In New York wird ein neues Wundermittel getestet, es ist aber offiziell noch nicht im Handel und nur für die Superreichen gedacht, für Normalsterbliche nicht bezahlbar!"

Der Chief blickte ganz versonnen in sein Glas, er sprach jetzt zu sich selber: „Wundermittel, das hört sich gut an, die in Bremen brauchen öfter mal ein Wunder!" Er hob seinen Blick und schaute dabei den Freund verschmitzt an, dann fragte er: „Was kostet das Wundermittel?"

Der chinesische Arzt hob sein Gin Tonic-Glas an und schaute durch die Flüssigkeit dem Chief-Ingenieur in die Augen und sprach: „Wenn ich diese Tabletten um jeden Preis besorgen müsste, dann nicht billiger als 2.000 US-Dollar!"

Ich trank gerade mein Mineralwasser und habe mich fast daran verschluckt. „Ja", sagte der Chief, „das ist für jemanden, der einen Millionenschaden angerichtet hat, angemessen, wir wollen doch den alten „guten" Hormann gesund in Bremen beim Norddeutschen Lloyd wieder abliefern!" Der 2. Ingenieur fasste sich an den Kopf und sagte: „So etwas habe ich noch nicht erlebt, ob das wohl gut geht?" Das Unvorstellbare wurde in dieser Nacht beschlossen und auch realisiert! Mit Luftfracht kam das Medikament 6 Tage später in Singapur an, es war eine Schachtel mit 30 Tabletten. Wir waren schon 2 Tage in Port-Swettenham, das Medikament wurde uns nachgeschickt und die komplette Rechnung ging direkt nach Bremen an die Finanzabteilung des Norddeutschen Lloyd!

Jonny Hormann wurde vom 2. Ingenieur schon vorher informiert, er bekommt vom chinesischen Arzt, den er auch gesehen hatte und der eine Untersuchung bei ihm durchführte, ein Herzpräparat zur „Stärkung". Mein Vorgesetzter, der 2. Ingenieur, nahm mich als Zeugen bei der Übergabe der Tabletten an Jonny mit. Ich konnte mir nicht verkneifen noch zu sagen: „Die Nebenwirkungen der Tabletten sollen den Arbeitswillen enorm steigern!"

Die Reise ging weiter und Jonny Hormann stand mal wieder an Deck, eine große Tabakpfeife zwischen seinen gelben „Pferdezähnen" und natürlich eine Flasche Bier in der Hand, sein Markenzeichen, selbstverständlich während seiner Arbeitszeit. Der Chief-Ingenieur kam vorbei und fragte ihn: „Na Herr Hormann nicht im Dienst?" „Doch", antwortete er, „ich bin immer im Dienst! Die frische Luft hier oben tut meinem kranken Herzen richtig gut." „Ach ja, was ich sie noch fragen wollte", sagte der Chief: Haben sie die Tabletten eingenommen, wie der Arzt es angeordnet hat? Die Antwort: „Ich bin doch nicht verrückt"! Der Chief: Wo sind die Tabletten? „Die habe ich über Bord geschmissen, ich lass mich doch nicht von so einem Chinesen vergiften, haben sie mal Feuer für mich, meine Pfeife ist ausgegangen!"

Der Chief-Ingenieur ist mit geschwollenen Halsschlagadern und geballten Fäusten in seine Kammer gegangen, um sich mit einigen Drinks zu beruhigen. Ich glaubte damals, er hätte Jonny Hormann, selbst wenn er es wollte, gar kein Feuer für die Pfeife geben können, seine Hände haben noch gezittert, als ich ihn 10 Minuten später aufsuchte, um eine Leckage an seinem Waschbecken zu beseitigen!

In Ostasien hatten wir alle Häfen, die im Plan standen, mit Zeitverzögerung angelaufen. Wegen der Werftzeit in Japan wurde Australien vom Fahrplan gestrichen, andere Lloyd-Schiffe übernahmen diese Verpflichtung. Es ging durch die Wasserwüste Pazifischer Ozean, dort bemerkt man erst richtig, was für kleine Geister wir sind. Ich wurde immer wieder beeindruckt von seiner gigantischen Größe und Erhabenheit, auch ein schier endlos scheinendes Ökosystem, aber alles ist relativ, es ist trotz seiner unglaublichen Ausdehnung zerstörbar, wir Menschen sind gerade dabei es zu tun!

Einige Tage vor uns hatte ein Supertanker seine Tanks mit Chemikalien gereinigt und gespült, wir sind einen vollen Tag durch diese chemische Dreckbrühe gefahren. Die Bayernstein lief 22 Seemeilen die Stunde, eine Seemeile = 1,85 km. Ein Etmal von 528 Seemeilen, das sind 976,8 km nur gelbe, chemische Verschmutzung auf dem Meer, eine Fläche größer als Deutschland! (Der Teufel soll sie holen.). Dem Verantwortlichen sollen alle Zähne rausfallen, bis auf einen, damit er noch Zahnschmerzen bekommen kann!

Unser Meistersimulant war nur noch selten im Maschinenraum anzutreffen.

In San Francisco war Jonny der eifrigste Landgänger. Der große „Frauenkenner" aber geriet dort in einer halbdunklen Hafenbar an einen Transvestiten. Es musste wohl eine große Überraschung gewesen sein, als er das nicht fand, was er so dringend suchte! In der nachfolgenden, gewaltsamen Auseinandersetzung, die in der Bar stattfand, bekam Jonny tüchtig was ab. In seinem ständig halb besoffenen Zustand musste das auch einmal so eintreten. Jonny hatte ein großes Loch in der rechten Backe abbekommen, seine großkalibrigen gelben Backenzähne konnte man deutlich sehen. Er konnte jetzt einen Pfirsichkern ausspucken, ohne seinen verkniffenen Mund zu öffnen! Alle lachten und waren schadenfroh, bösen Spott und Häme gab es. Der Chief meinte trocken dazu, er könne das Loch in der Backe ruhig offen lassen und eine zweite Pfeife reinstecken, das erhöht den Rauchgenuss und beide Pfeifen gehen selten zur gleichen Zeit aus!"

Amerikanische Ärzte im Hafenkrankenhaus korrigierten Jonnys kleinen Betriebsunfall. Ganze 10 Tage war er dort auf Kosten der Seekrankenkasse zu Gast! Die Bayernstein lag inzwischen in Los Angeles. Wir hatten gehofft, dass wir ihn jetzt endlich los sind, aber als ich sein schreckliches Kraut roch, das er Tabak nannte und in einer seiner großen Pfeifen brodelte, da wusste ich genau, der Albtraum ist wieder an Bord! Endlich fuhren wir mit der Bayernstein durch den Panamakanal, in 12 Tagen waren wir in Bremen. Die Finanzabteilung hat reagiert, sie sind wach geworden. Man hat Jonny Hormann die Gesundheitskarte entzogen (Dr. Geschade), obwohl er eigentlich voll tropentauglich war, seine ständigen Urlaubsreisen waren zu Ende. Der Chief wurde ein Jahr früher mit allen Bezügen in Pension geschickt, die Tablettengeschichte hatte man ihm sehr übel genommen. Jonny machte noch zwei Jahre Hafenvertretungen, bis er mit 65 Jahren in Rente ging. In dieser Zeit hatte er noch manchen Vorgesetzten zur Verzweiflung gebracht, ich war nicht mehr dabei und hatte auch nie mehr einen Albtraum!

Die Opalmuscheln von Singapur

Die 2. Reise der Bayernstein ging wieder nach Ostasien. Bezüglich dieser Reise erinnere ich mich noch an eine haarsträubende Geschichte, die mir passiert ist. Unser Wäscher an Bord war ein Chinese und hieß Fritz, alle Wäscher beim Norddeutschen Lloyd sind Chinesen und alle heißen auch Fritz. Das hat Tradition und war schon vor dem 1. Weltkrieg, zu Kaisers Zeiten, so gewesen!

Die chinesischen Wäscher sind fleißig und unschlagbar in ihrem Beruf!

Ich hatte ein besonderes Verhältnis zu unserem Fritz auf der Bayernstein, es war eine ehrliche Männerfreundschaft. Fritz spielte sehr gut Schach und kochte privat gern und vor allem ausgezeichnet, beides passte optimal zu mir. Überall wo es gutes Essen gab, sind wir beide auch gewesen, die Welt ist für einen Seemann gar nicht so groß. Sehr viele aufregende Schachpartien habe ich mit ihm gespielt und auch nicht wenige verloren. In Singapur hatte Fritz in einem Chinalokal der feinsten Sorte, wie er sich immer ausdrückte, einen Tisch für uns bestellt. Nur Geschäftsleute aßen dort, reiche und vor allem erfolgreiche konservative Chinesen.

Wir beide hatten uns landfein gemacht, maßgeschneiderte Tropenanzüge und handgemachte Krokodilleder-Schuhe, die mit eigenen Leisten vom Schuster angepasst waren. Die Zeit damals war einfach so und Geld hatten wir auch genug, wir lebten nach dem Motto: „Nobel geht die Welt zugrunde!"

Wir wurden früher in der ganzen Welt sofort als Seeleute erkannt, besonders natürlich in den Hafenstädten. Fritz hatte einmal eine etwas zweifelhafte Erklärung dafür: Ich könnte mich noch so fein und modisch kleiden, trotzdem sehe ich aus wie einer, der keinem Ärger aus dem Weg geht. Ich könnte mich ruhig auch mit Parfüm zuschütten, man würde es trotzdem sofort riechen, nicht das Parfüm! Ich fragte meinen Freund: „Ist das deine Meinung oder die von Konfuzius?"

Wir lachten beide über diesen albernen Vergleich und gingen voller Vorfreude auf das gute Essen an Land.

Das China-Lokal entpuppte sich als ein sehr guter und bekannter Klub. Eintritt nur mit einer goldenen Mitgliedskarte. Fritz hatte natürlich eine solche Karte, er überraschte mich immer wieder. (Der Jahresbeitrag der Karte betrug 1000 $.) Im Klub selber noch einmal für mich eine Überraschung! Mit einer Üppigkeit und Farbenpracht waren die Wände auf Seidentapeten bemalt, die Motive reichten vom alten China bis hin zur britischen Kolonialzeit. Hier waren wirkliche Künstler am Werk gewesen. Überall große, teure Standvasen mit Lotusblumen und Gladiolen, auf geschnitzten Rosenholz-Säulen standen Bronzelampen mit Seidenschirmen bespannt, es roch nach Myrrhe und Weihrauch. Die innere Eingangstür vom Vorraum war beeindruckend und festlich zugleich, an beiden Seiten der Schwingtür waren die Stoßzähne von großen afrikanischen Elefanten befestigt; hier war absoluter Luxus angesagt!

Ich fragte mich, wie wurde Fritz ein Mitglied in diesem Klub? Von dem reich geschmückten Vorraum ging es durch einen kleinen Torbogen, dort stand, steif wie eine Zaunlatte, ein Kellner in Livree und schob den Seidenbrokatvorhang zur Seite und wir waren im Restaurant. An der spärlich besetzten, großen Bar gingen wir vorbei zu unserem bestellten Tisch, es war ein Vierpersonentisch mit verzierten Perlmutt-Einlagen und Intarsienarbeiten aus Elfenbein und Jade. Im Restaurant waren nur 10 Tische gleicher Bauart, in der Ecke des festlichen Raumes aber stand ein sehr großer und auffälliger, runder Tisch. Dort saßen 12 Chinesen in Abendanzügen und spielten Domino zwischen den einzelnen Speisefolgen, ein typisches chinesisches Verhalten!

Alles im Raum war sauber und geschmackvoll der Landessitte angepasst, streng konservativ, es war ein reiner Herren-Klub, ich hatte den leisen Verdacht, hier wurde eine alte englische, snobistische Tradition einfach nachgeäfft!

Vor der Speisekarte gab es einen Drink auf Kosten des Hauses. Ich bat Fritz Englisch zu reden, damit ich auch alles verstehe, was er da noch zusätzlich bestellte. Es gab zwei Speisekarten, eine auf Chinesisch, die andere auf Englisch. Fritz sah mich an, als verstehe er mich nicht. Ich bemühte mich jetzt überzeugend zu wirken und sagte ganz ernst: „Damit du mir kein Hunde- oder Affenfleisch unterjubelst!" Ich kotze sonst das ganze Restaurant voll, du kennst meinen großen Magen, da kommt eine Menge raus, die Putzfrauen müssen da Überstunden machen!

Fritz lachte über mich und sagte: „Du bist ein Barbar, rohes Rindfleisch essen, aber fein gewürztes Affenfleisch in Sojasoße verschmähen!" Ich konterte sofort, niemals würde ich einen Nachkommen unserer gemeinsamen Vorfahren auffressen! Wir flachsten noch eine Weile hin und her, aber dann kam unser Essen. Könige könnten nicht besser speisen, zehn Gänge gab es, einer besser als der andere. Eine bunte, wunderbare Schüssel aus edelstem

Porzellan ist mir besonders aufgefallen. Es waren gemischte Farben vom Kobaltblau bis tiefes Zinnoberrot und ein Jadegrün. Verschiedene Drachen waren darauf eingebrannt und mit einer feuerfesten Glasur versiegelt. Am Schüsselrand waren abgerundete Spitzen und chinesische Dämonen mit Schwertern in der Hand. Eine ungewöhnliche Schüssel, ich habe noch nie so etwas Ähnliches gesehen, der Inhalt bestand aus lauter kleinen Muscheln, nicht größer als eine Muskatnuss. Die Muscheln funkelten wie geschliffene Opale, die Schüssel war gut halb voll. Ich dachte an eine Vorspeise oder einen Appetitanreger, aber ich lag total falsch! Wir hatten schon fast eine Stunde gegessen, Fritz das schmächtige Kerlchen hatte sich seinen kleinen Bauch voll geschoben, er sah jetzt aus, wie ein Buddha im Tempel der „Fresslust"!

Ich war begeistert von den wunderbaren Speisen, besonders die Muscheln aus der geheimnisvollen und reich verzierten mysteriösen Schüssel hatten es mir angetan. Fritz nahm nur eine einzige Muschel. Als er sie aus der leicht geöffneten bunten Schale nahm und zu essen begann, wurde er sehr ernst, sein Gesicht bekam einen demütigen, ja fast schon ängstlichen Ausdruck! Ich war eben noch kein richtiger Kenner von alten chinesischen Bräuchen.

Mein Gehirn hätte ich mehr benutzen müssen, statt der Kauwerkzeuge, garantiert hätte ich in diesem Moment das Verhalten von Fritz ganz anders beurteilt. Immer wieder langte ich in die Schüssel, bis sie leer war. Ich rief zum Kellner, der mit offenen Mund und weit aufgerissenen Augen mich anstarrte, nach mehr von den schmackhaften Meeresfrüchten!
  Ein Raunen ging durch das Klub-Restaurant, die Gäste von den übrigen Tischen sahen nur noch zu uns rüber und nickten respektvoll. Mit zittrigen Händen stellte der Ladestock-Kellner die Schüssel halb voll neu auf unseren Tisch zurück. Als ich fast zwei Drittel der kleinen, bunten Muscheln gegessen hatte, sie schmeckten in der

Whisky-Tunke immer besser, da standen alle Gäste von ihren Sitzplätzen auf und klatschten in ihre Hände. Die Verbeugungen, die sie machten, schienen mir auch tiefer zu sein!

Jetzt wurde es langsam Zeit für mich misstrauisch zu werden, bis daher war ich nur verwundert über das Verhalten der Gäste in diesem Nobelklub. Ich fragte mich, ob ich etwas Grundlegendes falsch gemacht hatte?

Aber nirgendwo konnte ich böse Blicke erkennen, eher das Gegenteil, nur im Gesicht des stocksteifen Kellners las ich unendliches Mitleid! Ich aß den Rest der Opalmuscheln auch noch auf. Fritz mochte keine mehr dieser bunten Muscheln, er schüttelte energisch seinen Kopf; nur eine der Muscheln hatte er gegessen, dabei ein Gesicht gehabt, als müsse er gleich sterben!

Ich Dummkopf dachte, es schmeckt ihm nicht, aber ich lag völlig daneben. Die Gäste von dem großen, runden Tisch hatten alle einen schwarzen Smoking und eine weiße Dinnerjacke an, sie kamen jetzt an unseren Tisch und bildeten einen Kreis um uns. Überschwänglich wurde uns zugeprostet, sie hatten eine Flasche alten französischen Cognacs mitgebracht und schenkten unsere Gläser randvoll. Mir klopften sie auf die Schulter und schnatterten lautstark in ihrer Landessprache auf mich ein. Irgendetwas wussten sie, das ich nicht wusste, diesen Zustand mochte ich gar nicht, sehr milde ausgedrückt! Als wir nach einer weiteren Stunde zahlen wollten, winkte der steife Kellner in seiner Livreekluft ab und sagte im besten Oxfordenglisch, das Essen wurde bereits von den 12 Geschäftsleuten dort vom runden Tisch bezahlt! Fritz ging zu denen rüber und bedankte sich ungewöhnlich höflich. Ich gab dem Kellner trotzdem 100 US Dollar Trinkgeld; er nahm es nicht an!

Als wir den Klub verließen, standen alle im Restaurant von ihren Stühlen auf und klatschten noch mal laut in ihre Hände.

Wir saßen im Taxi, um an Bord zu fahren, da fragte ich Fritz eindringlich: „Was ist dort im Klub abgelaufen, warum klatschten die Gäste alle bei uns?" „Nicht bei uns", sagte Fritz, „nur bei dir bitte!" „Welchen Grund gab es, unsere nicht gerade billige Zeche zu bezahlen? Nun sag es mir schon, wir sind doch Freunde." Er schaute mich verwundert an, dass ich so eine Frage überhaupt stellte. „Na ja, du bist ein sehr mutiger Mensch." „Quatsch jetzt kein dummes Zeug, ich will es ehrlich wissen, was habe ich falsch gemacht", mahnte ich ihn eindringlich weiter?

„Du bist sehr mutig, sogar unbegreiflich mutig, weißt du es wirklich nicht? Jedes Kind weiß darüber Bescheid!" Ich wurde immer zappliger. „Sprich bitte schon", sagte ich zu ihm. Seine Antwort auf meine bohrende Frage schockte mich wirklich, ich wurde leichenblass, als ich das hörte, mir wurde ganz flau im Magen, als hätte ich drei Tage nichts gegessen. Mut und Idiotie, nur ein winziger Unterschied, meine Güte war ich dämlich! Er sagte: „Alle 30.000 Stück ungefähr ist bei diesen Opalmuscheln eine dabei, der ‚schwarze Tod!' Diese Muscheln gelten in der chinesischen Oberkaste bei erfolgreichem und riskantem Geschäftsabschluss als Mutprobe. Nur bei ganz besonderen Anlässen werden sie noch privat serviert, diese alte Sitte stammt noch aus der strengen Tai-Pan-Zeit. In öffentlichen Restaurants sind solche Muscheln schon sehr lange verboten. Jeder isst aber nur eine von diesen Muscheln, mehr nicht!"

Fritz sagte noch zu mir: „Es gibt keinen zweiten Menschen auf dieser Welt, der solche Mengen jemals gegessen hat und es überlebte ! Das hier wird noch in tausend Jahren erzählt, darum sind wir von den 12 Geschäftsleuten eingeladen worden." Ich fragte mit wackliger Stimme: „Fritz, warum hast du mich nicht gewarnt?" Die lakonische Antwort: „Ich dachte, du weißt darüber Bescheid. Das Gefährliche daran ist, das Gift kann vorher nicht aufgespürt werden, sie sind alle ungiftig, erst mit der Magensäure in Verbindung beginnt eine mutierte Muschel verrückt zu spielen, sie wird hochgiftig und man gibt seine Stäbchen und Reisschale standesgemäß ab!" Hätten die 12 Geschäftsleute gewusst, dass ich nur dumm und unwissend war und nicht mutig, mit Sicherheit hätten wir im Restaurant unsere hochkarätige Rechnung selber bezahlen müssen!

Die Walfische im Indischen Ozean

Ich war noch ein wunderschönes Jahr mit Fritz zusammen. In der ganzen Welt sind wir beide gut essen gegangen, aber solche Opalmuscheln haben wir nirgends mehr gesehen oder gar gegessen. Es war mal wieder auf einer der vielen Heimreisen, da schönes, ruhiges Wetter war und dazu noch ein Sonntag. Wir spielten unsere Schachpartien auf dem Bootsdeck. Vom Wach- und Rudergänger auf der Brücke oben hörten wir die Rufe: „Steuerbord voraus Wale!"

Wir unterbrachen unsere Partie, um auf der Brücke oben die riesigen Meeressäuger besser zu sehen, es war ein grandioser Anblick. Wir haben eine Herde von 20 Walen gezählt, es war gerade die Paarungszeit der größten Lebewesen auf unseren Planeten! Wir sahen ein Naturschauspiel, das nur wenigen Menschen vergönnt ist zu sehen, es war mitten im Indischen Ozean, der Schnittpunkt vom 75. Längengrad und 20 Grad südlicher Breite.

Die Wasserfontänen ihrer Atmung konnte man gut sehen, zwei Wale schwammen auf sich zu, als ob sie sich rammen wollten. Sie kamen beide gleichzeitig zur Hälfte senkrecht aus dem Wasser geschossen, sie klebten für ein paar Sekunden aneinander, der Zeugungsakt passiert in dieser Zeit womöglich! Sie fallen beide rücklings und gleichzeitig in das Wasser zurück. Es ist ein wunderbares Erlebnis, man sieht so etwas sehr selten, man bekommt Respekt vor der Natur und ihren Wundern!

Was ich jetzt hier niederschreibe, hört sich an wie „Seemannsgarn", es entspricht aber der absoluten Wahrheit, es ist aber auch ein Wunder! Folgendes passierte: Der Kapitän der Bayernstein kam gähnend und ungekämmt auf die Brücke, er hatte wohl mit einer Stewardess, mit der er eine Liaison hatte, gerade ein „Schläfchen" gemacht! Der Wachoffizier sagte: „Steuerbord voraus sind Wale, da haben sich auch gerade zwei gepaart!" Mein unverschämtes Grinsen war für jeden hier oben auf der Brücke deutlich sichtbar.

Der Kapitän antwortete: „Gut, das muss ich fotografieren" und ging seinen Fotoapparat holen. Nach 10 Minuten war er mit seiner Camera und einem Teleobjektiv wieder vor Ort auf der Brücke. Jetzt fummelte er noch gute fünf Minuten am Objektiv rum, irgendetwas störte ihn daran, endlich hatte er alles in Ordnung, die Camera mit dem schweren Teleobjektiv hing an einem breiten Gurt am Hals. Unser Kapitän betrat die Steuerbord Nock, wo in Sichtweite von ca. 200 Metern die Wale sich tummelten. Er hob die Camera und schaute durch das Objektiv, das Schauspiel der Paarung wiederholte sich in diesem Moment noch einmal. Es machte Klick, er hatte ein Traumfoto geschossen!

Wortlos verließ der Alte die Brücke, totales Schweigen aller Anwesenden, in diese Stille hinein sagte der Wachoffizier plötzlich: „Mit den Dummen ist Gott!" Wahrlich, ein Wunder war das!

Ich habe einen Freund verloren

Wir hatten auf der 3. Reise mit der Bayernstein viele Inseln und Häfen im indonesischen Inselarchipel angelaufen und waren wieder mal auf Heimatkurs. In der Sundastraße zwischen Java und Sumatra haben wir eine indonesische Großfamilie aus Seenot gerettet. Ihre selbst gebaute „Todes-Arche", als Boot oder Floß konnte man so etwas ja bei aller Großzügigkeit nicht nennen, schwamm schon halb unter Wasser. Sie waren mit 14 Frauen und Kindern auf der Flucht, vor wem auch immer. Wir waren ihre Rettung in letzter Minute!

Es gab Verletzte, sie wurden an Bord behandelt. Bisswunden von einem Barrakuda sehen schlimm aus. Alle vom Schiff haben großzügig Kleidung und Geld gespendet, die Bayernstein wendete und brachte diese Flüchtlinge zurück nach Jakarta. Die dortigen Hafenbehörden machten Schwierigkeiten, sie wollten ihre eigenen Landsleute nicht mehr aufnehmen. Wie üblich wurde das mit Schmiergeld geregelt! Mit einem vollen Tag Verspätung ging es durch den Indischen Ozean nach Südafrika. Leider ist mein Freund Fritz schwer krank geworden (durch Familienprobleme in Taiwan). In der Hafenstadt Kaohsiung war er zu Hause, ich war oft dort und kannte auch seine Familie. Er hatte sich geistig vollkommen verändert und lehnte jede Hilfe ab. Es begann eine Serie von Selbstmorden, Fritz wollte immer über Bord springen, er war sehr schwer depressiv! Dieser humorvolle Mensch war nicht wiederzuerkennen. Auf dieser Heimreise, genau am Äquator vor Westafrika, hatte er mal wieder so eine schwere Phase, ein Matrose wurde beauftragt, ihn auf Schritt und Tritt zu begleiten. Dieser Vorfall ereignete sich anderthalb Jahre nach meinem Muschelabenteuer in Singapur.

Fritz lag auf seinem Sofa, das Mittagessen hatte er verweigert und der Matrose, der ihn bewachte, saß vor seiner Kammertür auf einem Stuhl und passte auf, dass Fritz nicht allein an Deck lief. Am

Vormittag hatte ich ihn noch besucht, über eine Stunde war ich bei ihm. Fritz hat mich geistig nicht wahrgenommen, kein Wort hat er mit mir gesprochen, plötzlich wurde es mir klar: Ich habe einen sehr guten Freund verloren!

Die Badenstein, ein Schwesterschiff der Bayernstein, fuhr zwei Seemeilen hinter uns, praktisch in unserem Schraubenwasser; man konnte ohne Fernglas ihre Umrisse erkennen. Die Funker beider Schiffe telefonierten ständig miteinander. Der Matrose, der Fritz beaufsichtigte, hatte einen Augenblick seinen Posten verlassen, um sich eine Zeitschrift zu holen. Er schaute vorher noch in die Kammer von Fritz. Der schlief auf seinem Sofa, dachte der Matrose! Als er nach ca. drei Minuten mit seinen Zeitschriften zurückkam, schaute er nicht nochmal in die Kammer von Fritz. Er las ausgiebig in den Zeitschriften und „Käseblättern" die er sich unbekümmert geholt hatte. Nach zwei Stunden kam ein Telefonanruf von der Badenstein: „Wir haben euren Wäscher an Bord!" Unser Kapitän ist ausgerastet, der Matrose wurde fristlos entlassen. Ich habe Monate später gehört: Fritz ist auf einem anderen Schiff, einen Tag vor seiner Heimat Taiwan über Bord gesprungen und ertrunken!

Haifische und Seeleute

In meiner langjährigen Fahrzeit zur See gab es auch Begegnungen mit Haifischen, sie gehören auch zu meinen Erinnerungen dazu. Zwei dieser Begegnungen, wo ich Zeuge wurde, waren tödlich für die beteiligten Seeleute und eine war tödlich für den Hai. Im Sprachgebrauch der Deutschen Handelsmarine nannte man den Hai damals respektlos „Kuddel-Shark"!

Heute schäme ich mich, dafür eine Mitverantwortung gehabt zu haben, einen Haifisch ohne Not und grundlos zu töten! Früher hasste ich die Haifische, wie alle Seeleute der Welt es taten. Jetzt habe ich mich radikal in meiner Denkweise geändert. Wir Menschen zerstören die Meere, beuten sie rücksichtslos und schamlos aus. Die Natur wird zerstört, als gebe es keine Konsequenzen. Wir zerstören uns selber, wir sind ein Teil der Natur, wenn auch nur ein Krebsgeschwür für diese!

Wir fangen den Hai nur aus Kommerz und was noch schlimmer ist, aus reiner Mordlust! Damals lagen wir mit der Reifenstein im Hafen von Singapur, an der Bunker-Pier, um Treibstoff für die Heimreise zu bunkern. Die Reifenstein war ein Dreischraubenschiff und hatte auch drei Hauptmaschinen, sie verbrauchten bei normaler Geschwindigkeit von 18 Seemeilen die Stunde 42 Tonnen Schweröl pro Tag. Es war der 23. Juli 1967, drei Tage später wurde ich ja vom Kapitän fristlos entlassen, was ich bereits erzählte.

Ich stand mit dem 2. Ingenieur an Deck und wir warteten auf die Bunkerleute, um den Übernahmeschlauch für unser Schweröl zu installieren. Ein englisches Schiff aus Liverpool lag mit uns an der Pier, beide Achtersteven unserer Schiffe hatten ca. sechs

Meter Abstand voneinander. An der hinteren Bordwand des Engländers besserten Matrosen mit Bleimennige einige Roststellen aus.

Auf einem Bootsmannstuhl hängend an der Bordwand, saß ein Matrose, er wurde von seinen Helfern tiefer gefiert, die Beine von ihm berührten die Wasseroberfläche vom Hafenbecken. Er hatte seinen Farbeimer mit einem S-Haken am Seil eingehängt, ein kleines Kofferradio, das gerade spielte, hatte der englische Matrose dort auch angebunden. Ein großer Hai kam mit seinem Kopf aus dem Wasser, er hatte die Bewegung der planschenden Beine des Matrosen bemerkt. Eher langsam als schnell packte er den schreienden Matrosen an seinen Beinen und zog ihn ohne Hast unter Wasser! Die Stelle im Wasser färbte sich vom Blut ganz rot, wir waren entsetzt über diesen Tod des englischen Seemanns. Schuld hatte hier der Mensch selber! Es ist streng verboten, dass Essenreste im Hafen über Bord gekippt werden; die Schiffsköche aus aller Welt ignorieren einfach das Verbot. Durch diese üppige Nahrung werden im Hafen Fische aller Größen angelockt. Die von den Menschen gemästeten Fische sind wiederum Nahrung für die Haifische. Ein verhängnisvoller Kreislauf, der von den Dummköpfen nicht begriffen wird. Der dicke Schwerölschlauch wurde endlich gebracht und von mir auf Deck vor einem Absperrschieber angeflanscht. Ich bekam ein tragbares Feldtelefon von den Bunkerleuten, um den Kontakt zu der Pumpstation zu halten, die Restmenge musste mit reduzierter Pumpenleistung übernommen werden und jederzeit konnte ich so übers Telefon den Pumpvorgang stoppen, sollte es nötig werden! Kein Tank auf unserem Schiff darf über ein Sicherheitsventil überlaufen. Ständig wurde die Ölmenge über Peilrohre vom Personal und dem 2. Ingenieur gemessen. Wir hatten unsere Ölmenge an Bord, alle Tanks waren randvoll. Kein Mensch war über das extra gelegte Feldtelefon in der Station zu erreichen! Ich drehte sofort den Hauptschieber zu, die Zahnradpumpe in der Bunkerstation müsste sich über die Sicherheitskette abstellen, sie tat es nicht, oh Gott, oh Gott!!

Der Schwerölschlauch mit seinem Durchmesser von 25 cm platzte direkt auf der weitläufigen Pier vor dem Hafenschuppen. Panik brach unter den Hafenarbeitern aus. Der Ölschlauch peitschte hin und her, mehrere Bar Druck waren im Schlauch, die jetzt frei wurden, in wenigen Minuten waren 50 Meter Pier und die Hafenschuppen sowie einige Schiffe, die vor uns lagen, mit einer dicken Schwerölschicht versaut! Genau 20 Minuten dauerte dieses Desaster. Hätte ich nicht zu unseren „Gunsten" aufgepasst, ich möchte nicht wissen, wie das bei uns an Bord ausgegangen wäre. Es hat ganze zwei Jahre gedauert bis man von dieser Ölpest nichts mehr bemerkte, die sich hier abgespielt hatte. Vier der Angestellten von der Bunkerstation, die ihren Posten verlassen hatten und somit nicht erreichbar waren, wurden zu 10 Jahren Gefängnis verurteilt!

Ich erinnere mich noch sehr gut an einen zweiten Hai-Unfall, den ich auch persönlich gesehen habe. Wir lagen mit der Bayernstein über Pfingsten im Jahr 1970 im Hafen von Port Swettenham in Malaysia an der Pier. An Deck wurde in einer kleinen Runde ein Frühschoppen gemacht. Wegen des Feiertags ruhte bei uns an Bord die Arbeit (was sehr selten vorkam).

Ein Schiff der damaligen DDR-Staatsreederei kam in den Hafen und war vor uns am Festmachen. Das Vorschiff hatte schon Landverbindung und war am Poller festgemacht, ein Hafenschlepper war dabei das Achterschiff an die Pier zu drücken. Der Abstand war noch beträchtlich, ein Junkmann machte die Gangway schon los, sie war noch seefest gelascht und dabei stürzte er in das Hafenbecken. Man warf ihm einen Rettungsring hinterher, aber noch im selben Moment wurde er von einem Hai angegriffen und getötet! Der Hafen liegt genau 3° nördlich über dem Äquator, er ist voll von Haifischen, sie haben ein Überangebot an Nahrung, selbst Menschen sind öfters dabei. In der heutigen Zeit gibt es endlich harte Strafen für Leute, die den Hafen als bequeme Müllkippe benutzen. Eine Haftdauer von 10 Jahren ist jetzt Standard für dieses Delikt. Kommt ein gesunder Mitteleuropäer nach dieser Zeit von dort aus dem Knast raus, sieht er stramme 20 Jahre älter aus, er fühlt sich auch so!

Die Seeleute vom DDR-Schiff haben teilweise bei uns auf der Bayernstein gesessen und von Bodo, so hieß der Verunglückte, dessen „Fell" versoffen. Sie redeten nur von einer Prämie, die ihnen jetzt nicht mehr gezahlt wird, weil sie ein Besatzungsmitglied verloren hatten. Kein Bedauern oder gar Mitleid mit ihrem 17-jährigen Jungmann, der so schrecklich bei einem Arbeitsunfall ums Leben kam. Dass diese Prämie in harter DM-Währung gezahlt wurde, betonten sie ständig. Ich habe mich hart mit diesen „besten Matrosen der demokratischen Seefahrt", wie sie sich nannten, angelegt und sie aus unserer Mannschaftsmesse rausgeschmissen!

Noch eine Geschichte mit einem Haifisch gibt es zu erzählen, da sind die Matrosen aber Sieger geblieben. Mir käme es heute nicht mehr in den Sinn, mich an so etwas zu beteiligen, oder zu ermöglichen, wie ich es damals vor 47 Jahren getan habe. Auf der ersten Reise der Reifenstein hatten wir im Roten Meer vor Jiddah in Saudi Arabien auf Reede vor Anker gelegen, es war die Rückreise von Australien. Wir mussten einige Tonnen Ladung nach Rotterdam mitnehmen, alles ging nur schleppend voran, wie das im Orient nun mal so ist.

Unser Funker an Bord hatte vom Agenten der Lloyd-Agentur erfahren, in Jiddah sei ein öffentliches arabisches Gericht tätig, ein Dieb soll nach der Scharia verurteilt werden. Es gab eine Landverbindung mit einem Fährboot, das man bestellen musste. Als Christ und Abendländer steht man im Orient mit einem Bein fast immer im Gefängnis, das ist das Einzige, das_ Kontinuität hat in diesen Ländern! Unser Funker wollte unbedingt dieses Urteil mit anhören. Der Richter aber machte mit dem Dieb „kurzen" Prozess! Dem Angeklagten wurde die linke Hand mit dem Krummschwert abgeschlagen, er lachte noch dabei! Als man den Armstumpf in kochendes Pech tauchte, um die Blutung zu stillen, lachte der Delinquent nicht mehr, mit einem lauten, tierischen Schrei ist er in Ohnmacht gefallen, unser Funker, das Weichei, auch beinahe!

Eine ruhige See hatten wir und lagen sicher am Anker. Ein Matrose kam zu mir in die Werkstatt runter, es war noch früher Vormittag und er hatte eine Hai-Angel ohne Haken. Es waren ca. 35 Meter Leine, die Angel hatte er mal in Kuwait gekauft, aber er hatte den Haken verloren. Es war praktisch ein Gewehr ohne Lauf, salopp ausgedrückt. Ich sollte ihm einen stabilen Haken machen, es wäre gutes Angelwetter und Haifische gäbe es auch genug hier auf Reede vor Jiddah. Da ich gerade etwas Zeit hatte, erfüllte ich ihm seinen Wunsch. Von einem starken Fleischerhaken, der für Rinderhälften konzipiert war, habe ich eine Seite abgesägt und als Wiederhaken an die andere Seite angeschweißt.

Es wurde ein stabiler Hai-Haken. Am abgesägten Ende des S-Hakens schweißte ich ein Auge an, um eine Stahlkette mit einem Wirbel zu befestigen, der Hai konnte so den Haken nicht rausdrehen, sollte er anbeißen; jeder Angler versteht das! Der Koch spendete 10 Kg Rinderleber im Stück, tief gefroren war sie noch. Ich habe mit der Bohrmaschine ein Loch von 10 mm Durchmesser reingebohrt und danach den neuen Hai-Haken mit einem Hammer in die gefrorene Rinderleber reingeschlagen. Einen Schwimmer hatte ich aus einer leeren, runden 5 kg-Kaffeedose gemacht, der Koch bewahrte darin Kekse auf. Auch diese Dose gab er freiwillig her! Diese Weißblechdose habe ich mit Zinn zugelötet, damit sie nicht voll Seewasser läuft. Vom Achterdeck aus wurde die Leine in das Wasser gelassen und das Ende der Fangleine um das Achterspill gewickelt. Die Kaffeedose erfüllte wunderbar ihren Zweck als Schwimmer der Angel. Die Rinderleber am neuen Hai-Haken gab langsam den gefrorenen Zustand auf, sie blutete jetzt im 30° warmen Seewasser. Kein Hai biss an, obwohl einige um den Köder kreisten!

Nach 20 Minuten ging ich wieder in den Maschinenraum runter, in der Werkstatt wollte ich dem 3. Ingenieur helfen, einige Brennstoffdüsen der Hauptmaschine zu überholen. (Heute wird das nicht mehr gemacht, es kann auch keiner mehr!) Kaum 10 Minuten waren wir mit unserer Arbeit beschäftigt, da kam der Messjunge aufgeregt zu uns in die Werkstatt und rief dauernd: „Es hat ein Hai angebissen, wir haben einen Hai gefangen!"

Alle von der Werkstatt sind an Deck hochgeeilt, der Bootsmann führte schon Regie, man musste ständig Leine nachgeben und langsam wieder beiholen. Ein großer Tigerhai hatte angebissen, es war nicht einfach, diesen Brocken an Deck zu bekommen, ganze 6 Meter Länge hatte er. Nach mehreren Stunden war der Hai müde, wir hatten ihn an der Bordwand, er war ganz ruhig, als wüsste der Hai, dass sein Ende gleich kommt. Wir Dummköpfe hassten ihn damals, weil wir die großartige Natur nicht begriffen hatten, ich kann heute nur noch meinen Kopf schütteln, über unser primitives Verhalten vor 47 Jahren im Roten Meer!

Die Gangway wurde tiefer gefiert, der Bootsmann mit zwei Matrosen haben ein starkes Netz aus dickem Tauwerk unter den Hai gezogen und mit dem Ladebaum wurde er nach oben an Deck gebracht. Dort wurde ein dicker Tampen um die Schwanzflosse gelegt und hochgezogen. Jetzt hing der Tigerhai senkrecht mit dem Kopf dicht über dem Deck. In dieser Lage wurde der Hai durch sein Eigengewicht bewusstlos und vom Schlachter fachmännisch getötet und geschlachtet. Die essbaren Teile wurden vom Koch sofort für alle zubereitet und auch von uns gegessen. Das komplette Gebiss wurde vom Zimmermann in Seewasser ausgekocht und auf einem Teakholzbrett fest montiert, unser Kapitän bekam es nachträglich zum Geburtstag geschenkt. Die Schwanzflosse habe ich im Tabaksud konserviert und achtern auf dem Flaggenknopf festgemacht. Alle Seeleute der Handelsmarine sind stolz über eine solche Trophäe. In Bremen kam ein neuer Kapitän an Bord, der Bootsmann bekam sofort Order die Schwanzflosse zu demontieren. Die Zeit der Segelschiffe ist vorbei, war seine nüchterne Begründung!

Der Steuerbordanker der Bayernstein

Es gab einmal einen Fall an Deck der Bayernstein mit einem Matrosen. Das war ein etwas ungewöhnliches Ereignis, aber ich habe es nicht vergessen. Es passierte im Indischen Ozean: Ein Matrose machte immer Ärger wegen seiner Überstunden, die vom Bootsmann korrekt abgerechnet wurden. Der Matrose beschwerte sich ständig beim 1. Offizier über den Bootsmann, er rechnet nicht richtig die Überstunden ab, was aber nicht stimmte.

Eines Tages war das Maß voll! Der Matrose brauchte gar keine Überstunden mehr zu machen, so die Entscheidung vom 1. Offizier. Aus Wut darüber betrank sich der Querulant an diesem Tag. In der Nacht ca. 01.00 Uhr schlich er sich auf das Vorschiff, es war auch für ihn und vor allem in seinem Zustand sehr gefährlich. Die Bayernstein lief 22 Seemeilen schnell und tauchte manchmal gewaltig mit ihrem Bug vorne in die See ein! Das ganze Vorschiff wurde dann bis zur 1. Luke wuchtig überschwemmt und eine Schlechtwetterfront war auch im Anmarsch! Der Matrose löste die Steuerbordbremse und die Sicherung vom Anker und der rasselte mit seiner 270 Meter langen Kette in Richtung Meeresgrund. Da wo das Schiff gerade fuhr, herrschten 5000 Meter Wassertiefe!

Der Anker mit seiner langen Kette hatte zusammen ein Gewicht von mehreren 100 Tonnen. Die Ankerkette war aus dem Kettenkasten im Vorschiff rausgerissen und lag auf dem Meeresgrund im Ozean. Der besoffene Matrose legte sich mit ruhigem Gewissen auf sein Sofa zum Schlafen. Auf der Brücke hatte der Offizier der 0-4 Wache natürlich das Rasseln der Ankerkette gehört, er wusste sofort, die Bayernstein hat einen Anker weniger. Aber er wusste auch, der Anker löst sich nicht von allein. Das ganze Ankerspill ist wegen des ständigen Seewassers mit einem besonderen, haftbaren Fett konserviert, daher ist es nicht leicht, dieses Fett von den Händen abzubekommen. (Ein holländischer Pinkelfritze kann ein Lied davon singen.) Alle von der Deckbesatzung wurden sofort geweckt. Der Übeltäter lag noch angezogen auf seinem Sofa, die Hände und seine Freizeitkleidung voller Haftfett. Er gab seine schwachsinnige Tat sofort zu und wurde fristlos entlassen. Der Lloyd stellte keine Strafanzeige. Der Anker mit Kette kostete zu dieser Zeit 24.000 DM und wurde dem Matrosen in Rechnung gestellt; er bekam eine Lohnpfändung. Im Monat musste er 200 DM für den Schaden abstottern. Nach einem Jahr kam er auf das Heuerbüro vom Lloyd zurück, der Matrose hatte gerade mal 10% vom Schaden bezahlt und jetzt die unglaubliche Frechheit zu fragen, ob er die „restlichen" Raten auf einem Lloyd-Schiff abarbeiten könnte? Da zu dieser Zeit auch noch Matrosenknappheit herrschte, haben sie ihn wieder eingestellt; sogar seine „Restschuld" wurde erlassen. Ihr Geld hatten sie ja schon von der Versicherung bekommen. Der Matrose musste heilig versprechen, sich so einen Unsinn nicht noch einmal zu leisten. Ich hatte zeitweise den Verdacht, unser Personalbüro wäre eine Zweigstelle der Heilsarmee. Auf dem Schiff, wo der Matrose anmusterte, sagte der Bootsmann zu ihm: „Kommst du näher als fünf Meter an ein Ankerspill, breche ich dir beide Arme!"

Ich kannte den Bootsmann sehr gut, er war absolut glaubwürdig!

Der Arbeitsunfall

Auf meiner letzten Reise mit der Bayernstein waren vier Stewardessen an Bord. Die Zeiten in der Seefahrt veränderten sich rasant, nur ich mich nicht – noch nicht! Ich verlobte mich an Bord, der Kapitän organisierte selber die Verlobungsfeier, es war der legendäre Kapitän Klotzbach. Meine Verlobte kam aus dem von mir ungeliebten Personalbüro und machte nur eine Urlaubsvertretung für diese eine Fahrt.

Die Reise war wieder Ostasien mit unserem Traumhafen Hongkong. Mein Freund, der alte Schneidermeister, schenkte mir die Trauringe für unsere Hochzeit, die in Bremen stattfinden sollte. In Osaka war gerade die Weltausstellung, ich nahm mit meiner frisch Verlobten ein paar Tage Urlaub; es gab viel zu sehen für uns beide. In Kobe übernachteten wir in einem sehr guten Hotel. Als ich im Hotelzimmer genau gegenüber den Betten die große Spiegelwand sah, dachte ich sofort an venezianische Spiegel und deren Bedeutung. Ich habe die Zimmerbreite grob ausgemessen, im Hotelflur draußen bis zum nächsten Zimmer auch. Ich muss eingestehen, ich habe mich vermessen. Den schmalen Raum hinter der großen Spiegelwand gab es nicht.

Ich habe mit einem Stuhl die ganze Spiegelwand zerschlagen! Am nächsten Morgen habe ich dem Hotelmanager erklärt: „Die ganze Nacht musste ich in einem Albtraum mit chinesischen Dämonen, die lange Schwerter hatten, kämpfen. Ich habe in ihrem Hotel eine furchtbare Nacht verbracht, ein Wunder, dass ich noch lebe!" Was der wohl von mir gedacht hat, war mir egal, ich brauchte den Schaden nicht zu bezahlen. In der Hotelbar wurde ich vom Hotelmanager diskret gebeten, nichts von meinen „dämonischen" Träumen zu erwähnen, es gibt zu viele abergläubische Hotelgäste, die sofort ausziehen würden; mein doppelter Whisky ging auf Kosten des Hauses!

Zur Ankunft in Bremen hatten wir gekündigt. Heiraten und Urlaub wollten wir machen. Der Kapitän fragte meine zukünftige Frau, ob sie einen Tag länger bleiben könnte, er hat wichtige Gäste in Bremen eingeladen, so um die 20 Personen kämen an Bord. Sie hat sofort zugesagt, er war ja auch großzügig bei unserer Verlobungsfeier gewesen.

Nun spielte sich folgendes ab: „Ich war mal wieder zur richtigen Zeit am richtigen Ort, oder auch umgekehrt, es kommt darauf an, wer die Betroffenen sind und wie sie es empfinden."

Ich wurde gebeten nach dem Kühlschrank in der Offiziers-Pantry zu sehen, er kühlte nicht mehr. Als ich die Pantry betrat, weinte dort eine Stewardess, ihre linke Gesichtshälfte war dick geschwollen und stark gerötet, das Auge halb zu! Die anderen Stewardessen und meine zukünftige Frau wollten mir keine Auskunft geben. Meine Verlobte kannte nicht nur meine Personalakte, sondern mich jetzt auch persönlich.

Aber auf mein hartnäckiges Drängen und Fragen rückten sie mit der Sprache doch raus. Der 1. Steward hat die Stewardess geschlagen! Sie war nur eine zusätzliche Vertretung und eine Verstärkung für diesen Abend gewesen, wegen Personalmangel. Sie war 61 Jahre alt und die Mutter des 2. Offiziers der Bayernstein.

Der 1. Steward betrat die Pantry, über seinem Kopf ein großes, silbernes Tablett tragend voller gebratener Lobster. Er hatte sie selber vom Koch geholt, damit bloß nichts damit passiert! Was jetzt mit dem Steward passierte, darüber wurde nie gesprochen.

Am nächsten Morgen wurde ich wieder einmal zum Kapitän zitiert, er war nicht allein, der 2. Offizier war noch mit anwesend. Kapitän Klotzbach war ein umgänglicher Mensch, er kam sofort zur Sache: Der 1. Steward liegt im Hafenkrankenhaus! Herr Dönnecke, was haben sie sich eigentlich dabei gedacht?

Ich fragte ihn: „Wollen sie das ehrlich wissen, Herr Kapitän?"

„Ja, ich bitte darum." Meine Antwort war: „Was ist aus den gebratenen Lobstern geworden, die für ihre Gäste im Salon bestimmt waren?" Er zuckte mit keiner Wimper, nun sah er mich lange schweigsam an. Er meinte noch, die Seekrankenkasse und die Seeberufsgenossenschaft könnten Fragen stellen, ich glaube, es war ein Arbeitsunfall! Die Sache war erledigt, aber ich habe nie erfahren, was mit den schönen, gebratenen Lobstern geschehen ist!

Reiseproviant vom Seemann

Mein letztes Schiff bei der Handelsmarine war die MS Travestein. Das letzte Kapitel meiner ereignisreichen Seefahrtszeit ging langsam zu Ende, inzwischen hieß die Reederei Hapag-Lloyd AG.

Ich habe in Bremen geheiratet und musterte mit meiner Ehefrau zusammen am 12.11.1971 in Bremerhaven an. Wir beide machten auf Wunsch der Reederei eine Urlaubsvertretung und wollten nach dieser Reise an Land bleiben. Ich hatte schon eine neue Arbeitsstelle in einer großen Kaffeefirma in Bremen, in 6 Monaten sollte ich dort anfangen!

Auf dieser letzten Reise mit der Travestein gab es keinen guten Stern für meine Ehefrau. Zwei kritische Situationen für sie: Einmal ein Feuer im Maschinenraum, ich war mit dem Feuerstoßtrupp noch bei der Brandbekämpfung voll beschäftigt, da gab der Kapitän die Order, das Schiff zu evakuieren, alle in die Rettungsboote. Meine Frau sagte zum Kapitän im besten Hamburger Platt: „Sie sind wohl ein bisschen krank im Kopf. Ohne meinen Mann gehe ich hier nicht von Bord!"

Der Kapitän war beeindruckt, sie durfte bleiben! Das Feuer haben wir im letzten Moment löschen können, es war von uns eine taktische Meisterleistung. Mit dem letzten Tropfen unserer Atemluft aus den Pressluftflaschen kamen wir an Deck, wir brachen zusammen wie erschöpfte Marathonläufer!

Bei schwerem Seegang verletzte sich meine Frau an der Wirbelsäule, sie kam in Hong-Kong in eine Spezialklinik, drei Wochen später wurde sie mit der Lufthansa nach Deutschland geflogen. Sie war dadurch natürlich eher zu Hause als ich und wartete ungeduldig auf meine endgültige Rückkehr.

Ich musterte am 28. 02. 1972 in Hamburg ab, meine Ablösung kam erst in Emden, darum blieb ich noch so lange an Bord, um eine korrekte Übergabe mit meinem Nachfolger zu machen. Ich hätte es nicht tun sollen! „Tue einem nichts Gutes und dir passiert nichts Böses." Ein schlimmes Sprichwort, leider trat es bei mir oft ein. Es war an einem Samstag, Anfang März 1972, eine nicht alltägliche Zollgeschichte musste ich erleben. Den Ärger hatte ich in Emden, obwohl es nicht um zollpflichtige Waren ging. Ich war mit einem bayrischen Ingenieur-Assistenten befreundet, wir gingen beide in Emden von Bord und wollten mit dem Zug nach Bremen fahren. Dort warteten der Schiffskoch mit seiner und meiner Frau auf uns. Wir wollten 14 Tage in einer Pension zusammen Urlaub machen. Die Pension gehörte den Eltern des Ingenieur-Assistenten aus Bayern.

Wir durften als Reiseproviant jeder eine zollfreie Flasche Whisky mit von Bord nehmen. Am Zolltor angekommen, das Taxi sollte warten und uns so schnell wie möglich zum Bahnhof fahren. Die Zeit war knapp, mein Freund hatte die Abfahrzeit telefonisch erfragt. Unser Gepäck mussten wir in die Zollstation tragen. „Haben sie etwas zu verzollen", die Frage des Zollbeamten? „Nein", kam die Antwort fast gleichzeitig von meinem Freund und mir!

Jeder hatte nur den erlaubten „Reiseproviant" dabei, den Whisky. Bitte die Koffer und Taschen aufmachen, es waren zusammen vier und zwei große Reisetaschen! Wir taten es, schauten aber laufend auf unsere Uhren, unbarmherzig lief uns die Zeit weg.

Der Zöllner bemerkte es, jetzt machte er erst recht langsam, ja fast schon pomadig, ganz langsam wie in der Zeitlupe hob er die Wäsche mit einem Bleistift an, als ob er einen Sprengsatz suchte, der jeden Augenblick explodieren könnte. Alles suchte er mehrmals durch, auch unsere Reisetaschen. Es dauerte eine Ewigkeit, diese schikanöse Kontrolle, wie in Albanien zur Zeit der Hotscha-Diktatur! Er geilte sich richtig auf dabei, endlich war alles mehrfach durchsucht worden von ihm, wir hatten wirklich nichts zu verzollen.

Als die Koffer zu waren und wir schnell zum Taxi raus wollten, rief er: „Halt! Meine Handschuhe sind in ihrem Gepäck." Ich schaute diesen Sadisten an wie eine Cobra ein Kaninchen und sagte zu ihm: „Treiben sie es nicht zu weit!" Meine Güte, wir machten die Koffer nochmal auf, der Taxifahrer, der draußen wartete, hupte schon das zweite Mal, er wusste, dass wir den Zug noch bekommen mussten. Natürlich wie immer, die Handschuhe lagen auch noch im letzten Koffer. Als endlich der Koffer wieder zu war und wir gehen wollten, sagte der Zollbeamte so richtig süffisant: „Und jetzt zu ihrem Reiseproviant! Liegt ihr Wohnsitz unter 30 Kilometer von hier, muss die Flasche geöffnet sein und daraus muss etwas fehlen, der Ermessensspielraum bleibt einem Zollbeamten vorbehalten. Zeigen sie mir einmal genau, wo sie ihren Wohnsitz haben?" Dieser Deutsche Zollbeamte hatte uns beide völlig falsch eingeschätzt! Mein Freund und ich sind zeitgleich und vollkommen synchron explodiert! Wir haben den paranoiden Zollbeamten am Kragen und im Genick gepackt, ihn durchgeschüttelt wie einen Zwetschenbaum im Spätherbst, geschlagen haben wir ihn nicht. Er wurde von uns an beiden abstehenden Ohren gepackt, sie standen ja weit und griffig genug ab. Wir haben den ängstlich schreienden Beamten in das Nebenzimmer gezogen, dort wurde er eingesperrt, den

Schlüssel, der im Türschloss steckte, warf ich in einen Papierkorb. Der Zöllner schrie wie ein Spanferkel und gab über einen Auslöser Alarm!

Mit unserem vielen Gepäck kamen wir nicht schnell genug zu dem wartenden Taxi, man hatte uns den Weg verstellt und wieder in das Zollgebäude geschoben. Einer streckte seine Hand aus und sagte höflich: „Bitte den Schlüssel." Ich zeigte auf den Papierkorb, der Zollbeamte hob ihn an und hielt ihn mir vor die Brust. Ich habe ihn rausgefischt und die Tür wieder aufgeschlossen.

Der eingesperrte Blödmann kam raus und rieb seine abstehenden, roten Ohren. Sie juckten und brannten ihm tüchtig, er sah wirklich aus, wie ein kleines Schweinchen mit Rotlauf, eine Krankheit, die jeder Bauer und Schweinemäster fürchtet! Unseren Zug nach Bremen konnten wir jetzt vergessen, den hätten wir auch so nicht mehr rechtzeitig erreicht.

Sie waren jetzt zu dritt in der Zollstation mit uns, einer sagte: „Das gibt eine Anzeige gegen sie beide, Behinderung und tätlicher Angriff auf einen Zollbeamten." Ich konterte: „Das ist totaler Blödsinn. Wir sind grundlos schikaniert worden, hätten wir diesen paranoiden ‚Flachkopf' auf seine hohle Nuss geschlagen, er wäre garantiert noch nicht ansprechbar! Bitte rufen sie die Polizei, wir möchten, dass sofort eine Blutprobe von uns beiden genommen wird, damit sie später mit ihren eigenen Zeugen nicht behaupten können, sie hätten betrunkene Seeleute vor sich gehabt. Ich werde gegen sie persönlich eine Dienstaufsichtsbeschwerde einreichen, sie sind, wie ich an ihrer Uniform sehe, der Vorgesetzte dieses Schwachkopfes. Das hier ist bestimmt kein Einzelfall oder ein kleiner Ausrutscher, dieser Paranoid macht dieses Verhalten zu seiner Regel! Man wird seine Vergangenheit genau überprüfen, ist an seinem Verhalten etwas faul, dann verspreche ich ihnen, sie können ihre Beförderung für eine Weile vergessen, in dieser Untersuchungszeit ruhen alle Gehaltserhöhungen und etwaige Sonderzahlungen, aber das wissen sie ja selbst besser als ich."

Womöglich hatte ich den berühmten, wunden Punkt getroffen! Als mein Freund noch sagte: „Ich möchte bitte mal telefonieren, hier müssen wir schweres Geschütz auffahren", da gab der Zollbeamte plötzlich nach. „Gut", sagte er, „Sie können gehen, ich kläre das!"

Unser Taxifahrer stand immer noch da, seine Taxiuhr hatte er natürlich nicht abgestellt. Hätten wir uns an dem idiotischen Zöllner vergriffen, säßen wir jetzt in U-Haft. Am Bahnhof angekommen, war unser Zug nach Bremen schon lange weg. Jetzt machten wir einen großen Fehler. Statt dass wir uns nach dem nächsten Zug nach

Bremen erkundigten, brachten wir unser Gepäck in die Aufbewahrung. Es war ein großer Lattenrostverschlag, Schließfächer gab es dort noch nicht. Es war tiefste Provinz, aber der damaligen Zeit angepasst. Immerhin war Emden eine Hafenstadt in Deutschland und nicht Massaua am Roten Meer!

Ein freundlicher Bahnbeamter gab uns korrekt die Quittungen für unser Gepäck. Er hörte aus unserer Unterhaltung, dass wir noch nach Bremen wollten, dass der Zug aber erst am Montag fährt; darüber sagte er uns nichts. Ich will nicht ungerecht sein, an unserem Desaster waren wir einfach selber schuld! Ich war noch wütend auf den kaputten Zollbeamten. Statt dass wir uns nach der nächsten Bahnverbindung erkundigten, wollten wir unseren berechtigten Zorn mit ein paar gepflegten Bierchen vom Fass eilig begraben. Im Bahnhofsrestaurant war eine riesige Hochzeitfeier, die hatten das ganze Lokal für die Feier gemietet; es war eine geschlossene Gesellschaft. Wir waren plötzlich mittendrin im Trubel. Fein angezogen waren wir immer, das war früher mal ein Markenzeichen der Deutschen Seeleute. (Heutige Lotterklamotten nennt man Mode.) Der Bräutigam dachte, wir wären Freunde der Braut, die Braut dachte, wir wären Freunde ihres Mannes. Man steckte uns Blumen in die Revers der Anzugsjacketts. Alle dachten, wir gehören dazu und wir selber auch bald. Es wurde getanzt, gegessen und jede Menge getrunken, bis 05.00 Uhr morgens.

Diese Hochzeitfeier ist natürlich nicht spurlos an uns vorübergegangen!

Wir stellten entsetzt fest, am Sonntag fährt kein Zug von Emden nach Bremen. Da müssen wir eben mit einem Taxi nach Bremen fahren, so unser neuer Plan. Der nächste Tiefschlag traf uns, die Gepäckaufbewahrung ist bis Montag 05.30 Uhr geschlossen. Unser Geld, die Papiere und alle anderen wichtigen Dinge waren im Koffer und den Reisetaschen.

Wie kommen wir an unsere Sachen ran? Bis Montag wollten wir nicht warten, konnten es auch nicht; dringend mussten wir duschen und uns umziehen. Also gingen wir beide zu der Polizei – dein Freund und Helfer. Wir hatten keine Hoffnung, aber gerade hier wurde uns unbürokratisch und schnell geholfen. Ich war total begeistert; im Ausland und besonders auf der Südhalbkugel hatte ich nur negative Erlebnisse. Von dieser Behörde habe ich bis heute eine gute Meinung, sie ist korrekt, höflich und effektiv! Die Beamten haben eine Suchaktion gestartet, um den Bahnbeamten zu finden, der für die Gepäckaufbewahrung zuständig war und der auch den Schlüssel besaß. Er war noch nicht einmal zu Hause, aber sie fanden ihn trotzdem. Der Beamte hat in seiner Freizeit unser Gepäck rausgegeben. Als Dank bekam er meinen Reiseproviant. Die zweite Flasche Reiseproviant spendeten wir auf der Polizeiwache. Ein Taxi brachte uns nach Bremen, dort warteten meine Frau und unsere Freunde. Mein Freund, der Schiffskoch, fummelte an meiner Reisetasche rum, hob fragend seinen Kopf. „Ja, mein Lieber", sagte ich, „den Reiseproviant verarbeiten jetzt andere" und erzählte unser Missgeschick!

Hinweis zum Urheberrecht im internetgestützten Vertrieb: Das Buch ist von der Niederschrift an gesetzlich geschützt. Das Urheberrecht, das dem Verlag eingeräumt ist, ist an keine Darbietungsform gebunden. Es kann als E-Book vertrieben werden, auf Datenträgern, gedruckt in einer Lagerauflage oder auf Bestellwunsch hin als Einzelstück. Auch wenn der Verlag für den umfassenden Vertrieb dieses Buches und für die Optimierung der Lieferung Internetlogistiker beauftragt, die das Buch weltweit im Land der Bestellung herstellen und sofort ausliefern, hält der Verlag die Rechte am Buch.

Printed in Poland
by Amazon Fulfillment
Poland Sp. z o.o., Wrocław